恩人発掘

日本と日本人を救った殿様の話

大橋英雄

22世紀アート

目次

始めに

目の前には新雪が降り積もったばかりの広い野原が広がっている。この雪の野原を人が前に向かって歩み始めました。一人の人が歩んでゆく場合であれば、足跡は雪原上にその人が歩んだ通りの点線として印され、残されてゆく。そしてこの足跡から、この人の最初の一歩から立ち止まった所までの道筋が見て取れる。また総ての人に通じることではありませんが、歩んだ人の体調や心の内まで伺い知れるかもしれません。

大勢の人が一緒に歩んでゆく場合であれば、足跡は両端がはつれた帯布のような、幅の広い線として印され、残されてゆく。この帯状の足跡の中から個々の人の足跡を識別することは難しいが、人々全体が向かおうとしている方向や、雪原の小さな起伏の状態などを伺い知ることはできよう。足跡にはいろいろな情報が記録されているので、人はこれを読みとることで、いろいろな事々を窺い知れる。

人は日々を生き、明日に向かって生きている。人は日々活動しながら、互いに関わり合いながら暮ししている。人々は日々を暮らしながら、今も話した大勢の人の雪原における足跡のように、いろいろな活動の跡を残している。人は個人としてだけでなく、まとまった集団としても活動し、その跡を残している。個人の活動の始まりから現在に至るまでの活動の記録を履歴や経歴などと呼んでいる。また、人々の集まり、集団による活動の記録を由来、由緒、来歴などと呼んでいる。これらのうち、人や、人々の物事の始まりから現在に至るまでの記録を、何時からか、歴史と呼ぶようになった。

この話では大勢の人々による記録、歴史に注目してゆく。人の集まり具合が、民族や国などと呼ぶような大きな規模になると、これらの記録は何時からか、〇〇〇民族の歴史（略して〇〇〇民族史）、△△△国の歴史（略して△△△国史）などと呼ぶようになった。こうした歴史はいろいろあって、自治体や企業などの歴史もある。他にも、宇宙、地球、生物、科学などの歴史もある。歴史は事項ごとに存在しうる。人が関与して活動し、変容させている対象ごとに歴史は存在すると考えて差しつかえありません。

歴史はいずれも人によって人のために創られている、人が人と関わり合うことによって歴史は創られる。こうした歴史は人によって語り継がれたり、文字などで綴られた書籍として伝えられたりしている。最近では映像や電子媒体などに姿を変えて人々に広く共有されるようにもなっている。これらの歴史は人が人生を生きてゆく上で、過去の活動の記録を探ったり、過去から学んだりするための手掛かりとしておおいに役だっている。特に、人の歴史には、成功よりも失敗の跡がより多くつまっている。こうした歴史には後の世の人のための教訓が多くつまっている。人はこうした歴史から多くを学びたいものである。そして人はこの点をよく覚えておきたい。

　歴史は本来、事の始まりから現在までに至るまでのいろいろな活動における事実や真実の記録が集められ、その上で人の客観性や科学性などと呼ぶ篩《ふるい》にかけて選り分けられたものである。そしてどんな歴史であっても、その内容は時の推移とともに増え続けている。歴史とは本来、分野ごとの、混じりけない正確無比な足跡や記録の集まりなのである。大勢の人々が年々歳々活動して残した跡や記録の集まりなのである。例えば、民族や国家の歴史も本来、上記したように活動の跡や記録がまとめられ、創られているはずである。そして今後も内容を増やしながら、後世に伝えられてゆくはずである。

　とは言いましたが、人そのものの歩み、活動の跡や記録を綴った歴史の場合はよくよく注意して扱わねばなりません。これらの歴史には無視してはならない問題が多々含まれている。年老いた著者（以下、老爺《ろうや》とする）が今、注意喚起した点に関して補足説明をしておく。民族や国家などの歴史には問題が多く含まれている。言い換えれば、これらの歴史には闇とでも言うべき、思慮や分別に欠けた事々が紛れ込んでいる。分かり易く言えば、人、時々の権力者や勝者などによって意図的に華飾されたり、誇張されたりしているのだ。極端な場合には、事実や真実が消去されたり、偽りが書き加えられたりもしているのだ。したがって、こうした歴史をひもとく者は注意しなくてはなりません。

民族や国家の歴史には問題が潜んでいる。民族や国家の歴史は地球史や生物史などとは明らかに違っている。真実が抜き取られている。偽りや嘘が加えられている。書き換えられている。こうした歴史をひもとく人はこうした事々を前もって認識し、承知していなくてはなりません。したがって、これらの歴史を学ぶ人はこうした点を承知した上で、歴史と向き合わねばなりません。そして歴史を学んだ後は、正しく学んだ事実だけを後の世の人々に残してゆく、伝えてゆくことが期待されている。


聡明な皆さん方には老爺のねちねちした話しぶりのために、すでに〝耳にたこ〟の状態になっておられるかと存じますが、お付き合い願いたく存じます。人そのものの活動の跡や記録を綴った歴史では、敗者や弱者の思いや功績などは、当然のこと、事実とは違ったものに差し変わっている。歪曲されたり、無視されたりしている。さらには意図的に削除されたり、加筆されもしている。こうした事々を掘り出し、正した本当の歴史を後世の人々に伝え、残してゆくことは、現代を生き、歴史を学んでいる者に課せられた大切な責務であると言っておく。

さらに加えて、私たちが今日、学校などで教えられ、学んでいる人や国に関する歴史、すなはち、日本史、世界史などであっても敗者や弱者の真の思いや行動を聞いたり、知ることは難しい。こうした点もよく認識しておくことは、私たちが歴史を学ぶ上での基本的な留意点である。私たちは民族や国家の歴史を学ぶ時にはまずもって、敗者や弱者の声をよく聞き、真の歴史を学ぶように努めねばなりません。当然のことであるが、このための労力を惜しんでいては事実や真実にはたどり着けません。

以上のような事情もあって、民族や国家の歴史は時代によって見方や評価が大きく違っている。例えば、評価の揺らいでいる歴史上の人物が散見できる。こうした事例を一つあげておこう。室町幕府を開いた武家の棟梁であり、為政者でもあった足利尊氏である。彼は特に、明治から第二次世界大戦が終わるまでの間、日本史の教育において朝廷を冒涜し、誹謗した朝敵の権化として扱われていた。しかし著者がみるに、実際の彼は朝廷の権威や天皇の存在は認めており、尊重していた。事実、彼は光明天皇（後伏見天皇の皇子）を擁立し、彼自身はその下での征夷大将軍として仕えている。こうしたことを一言で言うならば、彼は野心的であり、強烈な個性の持ち主であった後醍醐天皇とそりが合わなかっただけである。こんな彼は、明治以降の歴代政府によって、意図的に朝敵に仕立て上げられ、歴史教育において必要以上に悪く扱われていたと、理解するのが妥当なところである。

さて、老爺は若い時から歴史、特に日本史が好きで、好奇の心をもって学んできた。こうした中で日本史において、上記したように、問題が含まれていることに自分でも気づいた。これ以降、日本史をひもとく時には、好奇心だけでなく、疑ってかかることが大切だと意識するようにと変わった。歴史の嘘《うそ》に留意し、日本史における真実を発見したい、発掘したいなどと願う老爺流の日本史探訪が何時からか、密かな楽しみごととなっていました。特に、退職後はこうした日本史探訪三昧の日々を楽しんで過ごしている。

ここで、老爺が常日頃、楽しんでいる日本史の探訪法を簡潔に紹介しておく。まず、日本史上の事件、事項、人物などのいくつかを任意に選び出します。次に、選出した項目それぞれについて既存の理解や認識にとらわれないで、さまざまな視点から調べ、眺め直します。続いて、調べ直した事々にいろいろな思いを馳せながら相互に関連づけるように組み立て、整理し直します。最後に、「この事項は歪められていた。」、「この事は訂正できた。」、「この人物は誤解されていた。」、「弱者、敗者の声を新たに聞けた。」、「史実を正さねばならない。」などと新たに発掘し、発見した事々に得心し、満足するのです。

老爺は今回も何時ものように、徳川将軍家（徳川宗家）、その親戚筋の大名家、加えてこれらに関わりのあった人々などを選びだし、それぞれごとに思いを馳せて江戸時代史を見つめ直すといった、老爺流の日本史探訪を楽しんでいました。こんな作業の中で、幕末期に日本国と日本人のために大活躍をした人物、徳川慶勝《よしかつ》、尾張藩、尾張徳川家の十四代目当主に遭遇しました。

江戸時代中期、御三家筆頭の尾張徳川家と尾張藩は、徳川宗家と徳川幕府から疎んじられ続けていた。

このことの結果であったのかもしれませんが、幕末期、徳川慶勝並びに尾張藩は最終的に、徳川宗家や徳川幕府との因縁やしがらみを断ち切り、倒幕派として行動した。その結果、彼と尾張藩は明治維新に寄与し、貢献することとなった。すなはち、彼は名古屋城での倒幕派軍との抵抗や抗戦をきっぱりとあきらめ、討幕派として日本国の再生のために行動した。彼のこうした行動の結果、彼は膨大な数の人の命を守り、暮らしを守った。加えて日本国をも守った。

徳川慶勝は今も述べたように、維新の指折りの功労者であったのだが、何故か、今、歴史の狭間に埋もれようとしている。そこで、老爺は改めて、彼の事績や功績をいろいろ調べ直した。その結果、老爺は彼の活動と事績を知れば知るほどに、彼自身と彼の行動と功績に感服し、魅了されていきました。さらには強い畏敬の念さえ抱くにいたりました。最終的には老爺の彼に対する思いは揺らぎのないものになっていました。彼は日本と日本国民の恩人として大きく育っていたのである。

そこで、老爺は徳川慶勝公と尾張藩を改めて中心に据え、江戸時代の始めから幕末、明治初頭までの歴史を見直し、整理し直してみました。その結果、これまでの日本史、特に、江戸時代史に対する認識や理解とは随分違った徳川幕府と、これに関わった人々の姿が老爺の目の前に現れていました。そこで、これらの事々、加えて徳川幕府に関する諸々について老爺の思いや見解をまとめ、整理して、『恩人発掘、日本と日本人を救った殿様の話』として皆様方に披露することにいたしました。

なお、著者は大学を出て以来、教育の場に四十年余り身を置きました。この経歴がなせる振るまいだと皆様にはお考えいただいて結構ですが、本話の随所において、〝学び〟、〝知恵〟、〝経験〟などといった教育寄りの説明や見解が出てきます。これらは今も話したように、老爺の積年の習いが発露したものであり、老爺の日本史探訪における主な視点が反映したものであります。ここで、老爺がこうした教育者としての視点から語ることをあらかじめ話しておきたく存じます。

人は本来、いろいろと学びを積み重ねることと、日々の活動を続けながら経験を積み上げることとにより、人それぞれが持って生まれた素質や才能を一層鍛え、磨きあげることになります。そして人はこうしたことを繰り返しながら、自分の人生を輝かしいものにしようと努力を続けています。ただ、時として、悪しき者へと成り下がることもあります。老爺はこのような教育者的な視点から、徳川時代の人々とそれぞれの事績を眺めてまいります。読者の皆様にはこれらの点を頭の片隅に留めおかれ、老爺の話におつき合い願いたく、前もってご挨拶いたしました。

第一話　家康の御三家と吉宗の御三卿

◎ 徳川　家康

○ 徳川家康、大御所とは

老爺の江戸時代史探訪に関わる話で最初に登場するのはやはりこの人、徳川家康（以下では大御所とする）である。彼は江戸時代の歴史を語る場合には避けて通れない、〝要〟の人物である。彼は読者の皆さん方もよくご存知のように、二百六十四年続いた武家による政権、江戸幕府を開き、その礎《いしずえ》を築いた日本史上指折りの為政者である。彼は源頼朝、足利尊氏などに続く武家による長期政権の創設者の一人である。ちなみに、武家による政権は天皇と公家による日本国統治の有り様が時代の流れに合わなくなって挫折し、頓挫した後、十二世紀末に武士によって開設された鎌倉幕府に始まり、六百七十五年の長きに渡って続いた日本国統治の主要な有り様の一つである。

大御所は当時としては珍しい、古希をも越える七十四才という長寿に恵まれた。したがって、彼は将軍職を息子の秀忠に譲って隠居した後も、自分が開いた政権、統治組織の安寧と永続を希求し、整備し、具体化することができた果報者でした。彼はその生涯の最後まで、苦難の人生を通して学習して修得した知恵や経験を自分の幕府の処々方々に惜しみなく注ぎ込むことができた。よって、彼は長寿という神仏の加護にも恵まれた武士の長であったとともに、日本史上屈指の戦上手であり、統治者であり、そして為政者であった。そして最後には、自ら望んで神にもなった。

大御所が開いた江戸幕府は実にきめ細かに対策され、整備された。その実際は鎌倉幕府や室町幕府とは大違いであり、幕府開設の時点としては、組織や制度などは当初から精緻、かつ堅固なものでした。しかし彼の治世下では、人は生まれながらにして士、農、工、商いずれかの身分に固定されるようになった。彼の人に対する考え方は人本来の性状を無視し、逆らったものでした。彼は特に、庶民に対して厳しく対処した。人の身分は人別帳（今日の戸籍簿）によって厳しく管理される世の礎を彼は築いた。その結果、彼の治世下では庶民にはいろいろな自由がなくなった。人が等しく尊重されることも当然、なくなったのである。

戦国末期には日本人はすでに、西欧の人々に伍さんと、東南アジアにまで活動の場を広げていた。しかし、大御所が目指した統治体制下では、こうした自由は無視され、許されなくなった。人は決められた身分に永世縛り付けられたのだ。彼が目指した世は人には息苦しく、暗く、そして辛い時代であった。彼が戦場で掲げていた旗標に記されていた、〝厭離穢土、欣求浄土〟の標語とはほど遠い世の中でした。唯一、武士、特に仕官している武士だけはその身分と職は何代にもわたって保証された。

以上をまとめれば、才覚次第で切り取り勝手、海外雄飛も勝手であった世とは逆の、武家、徳川家による幕府が総てを管理、統治する世を彼はめざした。換言すれば、徳川宗家だけの利権と政権を維持することだけが目論まれたのだ。もはや、百姓から天下人になった豊臣秀吉、油売りから戦国大名になった斎藤利政（道山）、駿河出身でシャム国（現タイ国）で大活躍した山田長政などは排出できない、人本来の才能才覚を無視した世の中を彼は希求した。彼は、立身出世なんぞは夢物語であり、人間性無視の過酷な時代造りに専心、邁進したのである。

皆さんもよくご存知のように、大御所は食うか、食われるかといった群雄割拠の戦国乱世を武力、そして知力を頼りにして必死に戦い、勝ち抜いた。彼は天寿とも言う運にも恵まれ、数多の戦いを勝ち抜いて天下人となった。したがって、彼の生涯は血まみれであったと言って間違いありません。彼の徳川幕府も当然のこと、臣下を始めとする多くの人々の尊い命、血によってうち立てられた。源頼朝や足利尊氏と同じ様に、彼の功績もまた、彼一人の力によって成し遂げられたものではありません。彼の功績は多くの人々、家臣たちの犠牲、そして敵対した人々の死があって成し遂げられた。

封建制度の時代を生きた大御所であるので、当然のこと、今日の規範に照らせば、決して赦されない、殺人を始めとする過ちを、しかも必要以上に犯している。今の世を活きている老爺は、大御所の時代よりは進んだ世の中における制度や規則の下、人は敬い、尊重する対象、すなはち人は尊敬するべき存在であり、その命は何よりも尊いものだと学び、このことを至極当たり前のこととして育った。老爺はこのような思い、並びに視点に立って以降の話を進めていきますので、時によっては、辛辣な話しぶりになることを皆様には前もってご理解いただきながら、よろしくお付き合いくださるようお願いしておきます。事実、彼は天下人となってから、先輩天下人である豊臣秀吉と同じ様に変節した。そしてわがままで、横暴な人へと変わってしまった。彼は天下人になるまでの艱難辛苦の中でも、颯爽《さっそう》としていたが、彼はこれを何処かへやってしまった。〝天下人病〟とでも呼べばよい病に罹ったとでも言ったらよいのだろうか。

○　大御所の汚点、過ち（一）

まず最初に、今を生きている老爺の独断でもって、天下人病に罹った大御所のしでかした過ちを、老爺は二つだけあげてみる。彼のような偉人になると、歴史ではよくあることだが、必要以上に美しく、そして偉い人にと飾り立てられる傾向にあるのはどうしても否めません。しかし、老爺は現実の歴史は違っていることを皆さんに知っていただきたいのである。彼は完全無欠の人であったのではなく、いろいろな顔を持っていた人であったと皆さんに知っていただきたいとも、老爺は願っている。老爺は大御所が神として崇《あが》め、奉《たてまつ》られるような完全無欠な偉人ではなかった、我々と同じように多くの欠点を持ち、多くの失敗を重ねた人物であったと、皆さんに話したいのである。

老爺が判断する大御所の過ちである。そして最大かつ最悪の過ちである。それは彼が征夷大将軍（以降、将軍とする）になり、その職も息子、秀忠に譲ってすでに十年近くの時が経った頃の出来事である。徳川政権は揺るぎないと、誰もが認めるようになった頃に事は起きた。彼自らがあえて起こした大事、大きな過ちである。今も話したように、関ヶ原の戦いにおける徳川軍の勝利以後、天下の帰趨《きすう》は徳川氏でもってすでに決していた。また息子、秀忠とその直臣たちによる政治も十年近くの実績を積み上げていた。

こうした中で、大御所が強引にしでかした過ち、無駄な大量殺戮についてのお話である。元々小心者であり、年を取って疑り深くなっていた彼の過ちである。彼は息子の秀忠やその側近たちが十年近く養い、育んできた政《まつりごと》や統治に関する技量や能力が信じきれなかったと言ったらよいのだろうか。関ヶ原の合戦以降、孤立無援状態に追いやられていた孫娘の嫁ぎ先、豊臣秀頼の豊臣家に対して彼は難癖《なんくせ》をつけることから事を始めた。具体的に説明し直せば、豊臣秀頼が父、秀吉が建てた京都、方広寺を再建した折に、同寺へ寄進した梵鐘《ぼんしょう》の表面に描かれた銘文の文言の一部分を取り上げ、言いがかりをつけたのだ。そもそもこの方広寺の再建自体が豊臣家に散財させることが彼の元々の狙いであり、その目的を達成した上での出来事でした。彼は姑息なことに、この難癖を開戦の口実にして堅城に潜んでいた豊臣秀頼に対して戦いを仕掛けていった。

元和元年（１６１５）の冬、徳川軍は大坂城に遮二無二《しゃにむに》攻めかかっていった。これを歴史家は大坂冬の陣と呼んでいる。豊臣秀吉がその知恵と蓄えた財力のかぎりを注ぎ込んで築いた大坂城は広大であり、堅固あり、かつ頑強でした。戦上手と言われていた大御所をもってしても攻め落とせなかった。その上、この戦いが冬季のことでもあり、戦線が膠着し、長引きかけた中にあって、彼は味方となってくれた豊臣恩顧の諸将たちの寝返りを極度に恐れだした。そこで、彼は秀頼に和睦策を申し入れ、同意させた。この直後、彼は姑息なことに、大坂城の強さの根源であった、広くて深い堀をどさくさにまぎれて埋めてしまった。彼はここでも秀頼を騙《だま》したのだ。これは駆け引きと言うにはあまりにも、ひどい仕打ちあり、単なる騙《だま》しでしかなかった。

翌年、田植えが済むと、大御所は再度、豊臣氏の大坂城に攻撃をしかけた。いわゆる大坂夏の陣である。彼は、婿の秀頼を始めとする数多くの人々の命を奪ったあげく、やっとのことで勝利を手中にした。なお、彼はこの折、真田信繁（幸村との名は俗伝）軍の急襲を受けるなどがあって、彼自身も肝を冷やすことも経験した。加えて、彼のために長年に渡って苦労を共にしてくれた股肱《ここう》の臣などをも数多く失った。

大御所はこのように家臣らの尊い犠牲と、大坂方の数多くの侍たちの命と引き替えによって勝利を手にした。老爺の最も嫌いな、大勢の人々の死という尊い犠牲の上に、彼は自分の政権を盤石にした。彼の行いは今の時代で在れば、決して赦されることではなかった。彼の行動にはこのように、時として、才知や才覚にもとづいた有り様と言うにはほど遠いものも多々あった。特に人生終盤にはこうした事が多かった。彼はこのようにして自分の政権を盤石にしたのである。

○　大御所の汚点、過ち（二）

老爺があげる大御所の今一つの大きな過ちである。彼は 政《まつりごと》における日々の政略、戦略活動においても、他に対して過酷であり、冷酷であり、そして狡猾でもあった。〃減封〃や〃転封〃と呼ぶ処罰で赦すことのできる百家近くの大名を改易《かいえき》という最も重い罰によって罰した。なお、減封《げんぽう》とはこれまで領有していた領地の一部を領主から取り上げるという罰のことである。〃転封《てんぽう》〃とはこれまで領有していた領地よりも恵まれない領地へ移すという罰のことである。そして改易《かいえき》とはこれまで領有していた領主から所領や居城を取り上げて追放するという罰である。

改易という処罰の場合は、罪を犯した当事者自身はもちろんのこと、何の罪もない膨大な数の家臣たちをも不安に陥れ、路頭に迷わせた。加えて、最も弱い立場にある農民たちの暮らしを不安に陥れ、苦しませることでもあった。大御所は本来、大変な心配性で、気弱であったので、こうした〝やりすぎ〟を多々おこなった。最も弱い立場にある農民を初めとする領民たちの暮らしを省みることのない横着な罪をたびたび重ねたと、老爺は話している。

大御所は若い頃に大層苦しんだ三河一向宗門徒らによる抵抗活動から、結局、彼は何も学んでいなかった。具体的に話せば、彼の願いであり、座右の銘と言ってもよく、軍旗として戦場で掲げていたのが、〝厭離穢土《えんりえど》（汚れた世を浄土のようにしたい）〟、〝欣求浄土《ごんぐじょうど》（この世に浄土をうちたてる）〟の旗標《しるし》でした。この印は武田信玄の〝風林火山〟（疾《はや》きこと風のごとく、徐《しずか》なること林のごとく、侵掠《しんりゃく》すること火のごとし、不動なること山のごとしの省略表現）に並ぶものでした。彼の農民などの庶民に対するスローガンのはずでしたが、このスローガンは結局、絵空事でしかなかった。彼の晩年の処置、処遇の多くは、今日の目で見れば、欺瞞《ぎまん》に満ちていたと老爺は言わざるをえません。

ついでに、改易や転封といった処罰は、今も話したように、影響が当人とその周りだけでなく、領国全体に深刻な影響がさまざまに及んだ。これらの処罰は、大御所以降も、後継将軍たちや徳川幕府による大名処罰における常とう手段ともなった。その結果、二百六十余年に及んだ徳川幕府の治世下での大名家の改易数は三百五十、加えて転封数は七百と、大変な数を数えるのである。

改易となった大名の中には、関ヶ原の戦いや大坂冬・夏の陣において見方となって戦ってくれた、徳川家にとっては恩人だと言ってもよい加藤清正家や福島正則家などに対する処罰も含まれている。この所業は武士が最も大切にした〝信義〟とはほど遠い仕打ちであった。大御所と後継者たちはここにおいても欺瞞《ぎまん》に満ちた行いを繰り返したのである。権力を手にした者たちの横暴さや傲慢さが老爺には窺《うかが》い知れ、その犠牲者たちの悲嘆を思うといたたまれません。権力を手中にした者の行いとしては姑息であって老爺は承伏できない。

大御所はその長い生涯において長男、信康を始め、多くの身内との辛い別れ、死別などを経験している。普通に考えれば、彼は誰よりも、人命の尊さ、大切さを身をもって知っていたはずの御仁である。加えて、武田家、北条家、織田家、そして豊臣家などの末路も見ており、権力や権威は永遠なものではないことも、誰よりもよく知り、分かっていたはずである。しかし、彼は大坂始め、その他で人を、特に人命や人間の尊厳を軽んじた仕業をし続けたのである。老爺はこんな行いをし続けた彼であっても、歴史上、希な人物の一人として評価し、是認せざるを得ませんが、心から尊敬し、両手《もろて》をあげて賞賛することはどうしてもできません。

○　大御所の御三家《ごさんけ》創設

大御所はその人生の終盤、すなはち将軍となり、その後隠居した頃にかけて、徳川幕府と徳川家の安泰と永続を願って、最後の仕上げとも言うべき様々な方策や対策を処々方々において講じた。織田、豊臣、武田、北条など、多くの有力大名家の組織や政《まつりごと》などの欠点、欠陥を目にしたり、学んでいたので、彼の行った諸対策は前人たちに比べれば、幅広く、そして隅々にまで注意が及んでおり、きめ細かかったのは事実でした。

大御所は兄弟運に恵まれなかったことの反動であったと言えばよいのであろうか。彼は多数の側室を侍《はべ》らせ、大勢の男子に恵まれた至福家でした。こんな彼が行ったこうした対策の一つに、〝御三家の創設〟がある。彼は徳川家と徳川幕府の永続を願って、分家を創設した。分家を設置することによって徳川幕府や徳川宗家を補佐し、支援する仕組みの一端としたのである。

九男、義直《よしなお》を祖とする尾張の国の徳川家（六十一万余石）、十男の頼宣《よりのぶ》を祖とする紀伊の国の徳川家（五十五万余石）、そして十一男の頼房《よりふさ》を祖とする常陸の国の徳川家（水戸藩の三十五万石に、支藩の高松藩松平家十二万石を加えた四十七万石）を、大御所は創設した。彼は御三家それぞれに対して宗家と幕府の永続に関わる重要な役目、役割を課した。これらの家々は一朝事ある時には宗家を必ず援助するようにと申し渡した。加えて、家毎に役目と役割を具体的に申しつけもした。

大御所の代表的な申しつけである。彼は尾張と紀伊の両徳川家には朝廷、豊臣家恩顧の西国大名家、外様大名などによる不穏な動きに、また水戸の徳川家には陸奥《みちのく》の外様大名家などによる不穏な動きに目配りをするようにそれぞれ申し渡した。そして不審な行動が認められた時には、それぞれは「宗家や幕府を守護する楯《たて》となって働くよう。」との責務を課した。

同時に、大御所はこうした目的を果たすために、彼は息子たちの御三家それぞれに対して、経済的に十分な処置をしたうえに、こまごまとした気配り、心配りを家毎に具体的に行った。彼は息子たちに地域で最も広い領国をそれぞれ与え、その上でさまざまな特権や恩典も与えた。こうした処置や心配りなどを受けた御三家各家および藩は、普段から確固たる防衛力の育成と維持に努め、必要な折には遺憾なく力を発揮できるように努めなくてはならなかった。

大御所は御三家設置の折、御三家に対して領地だけでも、三家合わせて百六十余万石を奮発した。この当時、彼が御三家に与えた石高は八百万石とも言われていた彼の直轄領地からみても、随分と大きな出費をした。長期に渡って苦労しながら、領地を徐々に広げていった彼にしては、大変な大判振る舞いした。御三家設置には彼特有の、強い思いと願いが込められていたからであった。

参考までに、大御所と秀忠は今話した以外にも、結城秀康（大御所の次男、秀忠の兄、秀吉の養子、秀吉没後には結城家を相続、最終的には越前、福井松平家藩祖）には六十七万石を与えている。以下、松平忠長（秀忠の次男、駿府藩の藩主となるも、最後は自死）には五十五万石を、そして秀忠の妾腹の子、保科正保《ほしなまさやす》（会津藩藩祖）には二十三万石を与えている。彼らは何の軍功もあげていない身内である子で孫には甘かったと老爺は言わざるをえませんが、彼らの人の親としての心情も老爺には分からなくもありません。

大御所には真に頼りにできる親族、兄弟もないままに戦国の世を必死に生き抜いたという経歴があったので、「頼るべきは身内や親戚である。」、「身内や親戚は必要な存在である。」などとの思いは、誰よりも強かったと老爺は察している。そこで彼は、宗家が最後に頼れる家々を設置して、いざという折には頼りにするようにと、秀忠や家光に対して見せつけ、教えたと老爺は話している。

○　大御所の家臣たちへの処遇

老爺はおいおい話してゆくことにしているが、大御所は若い頃から死線を共にしてくれた家臣たちに対する処遇、論功行賞においては、思いの外、渋かった。家臣たちには彼特有の思い（後ほど詳しく話す）や意図などもあり、親族に対し、あえて不等に取り扱ったと老爺は見ている。彼の直臣たちに対する仕置き、処遇の裏にはかって代官頭に抜擢し、財政奉行や鉱山奉行などをまかせた大久保長安《ながやす》に対する苦い思いがつきまとっていたにちがいないと、老爺は推察している。

今、名前をあげた長安である。彼は元々、甲斐、武田家の家臣であった人物である。同家が滅亡した後、彼は大御所の目に留まり、徳川家に仕えるようになった。彼は持ち前の才気、才能を遺憾なく発揮してみせた。彼の功績は徳川家領内の処々方々において検地を実施した、金や銀の鉱山の開発をした、宿場・宿駅や街道などの整備、設置した等々であった。彼は多くの場や事々において目覚ましい働きをしてみせた。その結果、彼が直接関わっている支配地、領地は瞬く間に百二十万石を超えてしまったと言われている。

大御所は当初、長安を大層気に入って頼りにもした。そして、長安は一時、豊臣秀吉旗下《きか》にあって大活躍した石田三成のような存在になりつつあった。しかし大御所は本来、小心者であり、疑り深かったからであろうか。彼自身と、彼の一党の秘めている知力と能力、加えて、彼が蓄えた財力を恐れて彼ら一族をの者たち厳しく処罰した。この理由を老爺なりに推測すれば、彼があまりにも有能であり、切れ者であったことと、彼の元に集まっていた才人たちを恐れての処罰であったようだ。大御所はこうした長安に対する苦い思い出を終生引きずっていたようだ。

長安処分以降、大御所の譜代の家臣たちや、中途採用した家臣たちに対する仕置きは、厳しいものと変わり、代々引き継がれた。事実、松平家、その後改名した徳川家を支えた〝徳川四天王〟と言われた家々、本多、大久保、榊原、井伊のうち、幕末まで大御所、秀忠時代の領地とその禄高をそのままに維持できたのは井伊家だけでした。彼の家臣たちに対する厳しく、不均衡な処遇こそは、徳川幕府の有り様を次第に歪め、その維持上、深刻な問題と化していったと、老爺はここで、皆さんに注意喚起しておきたい。事実、彼が生み出した不平等さ、不公平さがこの後、徳川幕府を運営し、維持してゆく上で、時とともに深刻な問題と化していった。

○　大御所と尾張徳川家

さて、御三家筆頭の尾張徳川家の状況についてである。この家の領国、尾張の国は元来、立地や地勢において大変恵まれていた。この地は表日本の中央部分に位置しており、気候は温暖であり、その地味も肥沃であり、豊かであった。しかも、イネとコムギなどの二毛作が可能な地であった。加えて、尾張の国は物流的並びに戦略的にみても要衝の地であった。すなはち、江戸に通じる五街道の一つ、東海道が尾張の国を貫いていた。また、同格の街道、中仙道が領国北側をなぞるかのように掠《かす》めていた。

このために、尾張藩では領国の北側を横切る中仙道をにらむことのできる犬山などの木曽川添い一帯は軍略的な拠点、要衝の地であると理解し、認識していた。そこで、後で改めて詳しく話すことになるが、二人の付け家老を事実上の責任者として配置して対処した。尾張の国は西国諸藩を睨み、押さえるための軍事的要《かなめ》の地であった。よって大御所はこの地を預けた息子、義直の家、尾張徳川家に対して特別に期待をかけ、重い責務を背負い込ませた。

大御所が尾張徳川家に対して行った特段の配慮を紹介しておこう。彼はまず、尾張藩の居城をこの当時、尾張の国の中心であった清洲（現在の清須市）から名古屋へ移すことにした。清洲の地は、〝洲〟という字が示しているように砂州の地に開けた所であった。濃尾平野の中でも低い所、水郷と言っても良い地でした。当時は整備不十分であった木曽三川や、庄内川などの中小の河川による水害を受けやすい地でもあった。よって、清須城は水攻めによって攻められやすい地でもあった。

　このような理由もあり、大御所は水害に対して強いと言う点とともに、守るのに優位な地、名古屋台地の最南端である地に目をつけた。そして彼は加藤清正を始めとする豊臣恩顧の外様大名たちに命じて大坂城に匹敵する巨大な城を築かせた。同時に、この城の南方に広大な城下町を造らせた。なお、この新城造りと街造りには彼の外様大名などに力を見せつけるという政治的意味あいと、外様大名たちの財力をそぐといった統治上の巧妙な狙いがあった。

　大御所は、信濃の国、木曽の広大な山林の支配権も尾張徳川家に与えた。あれやこれやを加えると、尾張徳川家の総石高は外様大名随一であった加賀の国、金沢に居城を構えていた前田家のそれに匹敵したとされる。小大名の家に生まれ、苦労した彼には、事を成し遂げるには、確かな財政的な基盤こそが何よりも必要なことが身にしみて分かっていた。また、小心であり、慎重であった彼は西国大名による謀反の発生を極度に恐れていた。そこで、このような折には尾張徳川家は江戸の宗家と幕府防御の最大の要の地となるようにと申しつけ、きめ細かな手配りをもした。

○　大御所の御三家とその序列

　大御所はまた、尾張、紀伊の両徳川家に対し、宗家において継嗣《けいし》、世継ぎが不在となった折には、尾張徳川家または紀伊徳川家の内から跡継ぎを選び出するようにと決め、申しつけもした。彼は覇王《はおう》の家、徳川宗家での世継ぎ不在や世継ぎの並存《へいぞん》が引き起こす政治不安の重大さ、深刻さを実体験していたので、宗家の跡目相続を順調に進めるために用心深く手配りした。この手配りも、当然のこと、徳川幕府と徳川宗家の存続と永続を願ってのことでした。

参考までに、大御所は宗家の世継ぎ対策を決めた折、水戸の徳川家には、上記した二家とは別の役目を課した。すなはち、水戸徳川家の時の当主は江戸に常在し、〝副将軍〟として時の将軍を補佐するようにと申しつけた。この時以降、水戸徳川家の当主は副将軍と呼ばれるようになった。

ついでに、テレビドラマや映画などによく登場する徳川光圀（水戸徳川家二代当主）についてである。彼が〝先の副将軍〟、〝黄門《こうもん》（引退した中納言（副将軍）に対する尊称）〟などと呼ばれている原点はここにあった。この後でもう少し詳しく説明する予定であるが、江戸時代、時の将軍の意を受けて朝廷が大名たちに対して行っていた叙位の制度があった。この叙位においても、水戸徳川家の当主に対して与えられた位階は〝中納言〟であった。一方、尾張徳川家や紀伊徳川家の当主に対して与えられた位階は〝大納言〟であった。御三家と言えども、格差がつけられていた。将軍を頂く縦社会こそが封建時代の在り方なのだ。

さて、大御所は三人の息子たちのために御三家を設置した折、まずもって、御三家それぞれに与えた領国の石高において、あえて差をつけた。加えて、彼は各家に課した責務にも差をつけた。封建制度の時代というのは今も話したように、完全な縦社会であった。彼は御三家の家々の間にも序列、順序があり、各々の家の役目や役割に違いがあることを、当事者の息子たちとその家臣たちはもとより、宗家の主である将軍とその執政たちにも教え、知らしめたのでした。

このような処遇の有り様は大御所の長くて、苦労続きであった人生における学びの成果なのだと言って間違いありません。また、この時代、封建時代は今も話したように、完全な縦社会であり、上下の関係が何事においても尊重され、優先されていた。ちなみに、横社会、横並びは今日の世の有り様であるが、これこそは人間本来の有り様に沿ったものであり、究極の有り様であると言ってもよい。この有り様を大切に維持してゆきたいものである。

さて、老爺が今問題とし、注目している長幼の順に関しても具体的な事例を話しておく。大御所には長幼の順こそは事を行ってゆく上での原則であることを広く知らしめた有名な経験があった。それは彼が三代将軍の決定した話である。彼は二代将軍の秀忠以下、家臣たちが居並ばせた公式の場において、「三代将軍は年長の家光である。」と申し渡した事実がある。弟の家長《いえなが》を推挙する案を退けた事件のことである。

本件について伝えられているところによれば、家光とその弟、家長の生母である江《ごう》（織田信長の姪、浅井長政、市夫婦の次女）による強引な次男、忠長の推挙があった。大御所は彼女の妄想が生み出した忠長推挙案を厳然と退けた。しかしながら、この後、後継の将軍たちを筆頭に、彼らに仕えた閣僚たちは皆、この折に大御所が示して見せた大事な原則を忘れてしまうのだ。このために、徳川幕府にはその都度、幕府浮沈に関わる問題をたびたび出来《しゅったい》することになる。

○ 大名と朝廷が授けた官位

これは参考までの話である。徳川幕府の助言の下、朝廷が大名諸氏に叙していた位階と官位の一端について簡潔に話しておく。朝廷が大名諸氏に下賜した位階や官位は九群に区分され、序列化されていた。この目安は、おおむね、大名家の領国の石高の多少によって行われていたとみてとれる。なお、この位階と官位と、幕府内における役職や政への関与具合とは一致していない点に皆さんはご注意下さいと、老爺は指摘しておかねばなりません。

この場合の最高位は正二位であり、内大臣に叙せられたのは、武家においては徳川将軍ただ一人でした。続く、従二位の大納言には、原則、宗家の継嗣、尾張徳川家の当主、および紀伊徳川家の当主に限って叙せられた。従三位中納言には、水戸徳川家と御三卿《ごさんきょう》の家々（この後で詳しく話す）の四大名家の当主たちが叙せられた。水戸徳川家は今も話したように、朝廷の叙位においても尾張徳川家や紀伊徳川家よりも一階級低く扱われるのが常でした。

正四位下宰相《さいしょう》には、加賀の前田家の当主だけが叙せられた。正四位下中将には、会津松平家、井伊家、島津家などの大大名家の当主たちが叙せられた。そして、正四位下少将には、細川家、黒田家など多くの有力大名家の当主たちが叙せられた。従四位下侍従には、山内家、南部家など多数の大名家の当主たちが、そして、従四位下には、桑名松平家、真田家など多数の大名家の当主たちが叙された。さらには、従五位下諸大夫《しょだいぶ》には上記以外の大名家の当主たちが叙された。

○　大御所の気性など

大御所という人は本来、短気であり、臆病であった。しかし、彼はその長く、苦難に満ちた人生においてさまざまな艱難辛苦を経験し、これらから学んだ事々を次々に育み、知恵、智として蓄え込んでいった。そして彼は人生を通しての学びや経験を重ねてゆくごとに慎重になり、辛抱強くなった。加えて、緻密、かつ老獪にもなった。換言すれば、細やかな気配りのできる人物へと変貌、変身していった。彼は七十四才という長寿にも助けられ、人生における目的をほぼ成し遂げて、後継の将軍たち、御三家それぞれに徳川幕府の将来を託して大往生を遂げた。そして東照宮という神として駿河の久能山に奉じることまで言い置いた。その後、三代将軍の家光によって彼は日光にも奉ぜられた。

大御所の仕置きの数々を今日の目でもって冷静に判定すれば、仕置きの中には完全無欠とは言えない点も多々あった。不備、不足なことも多々あった。なお、こうした不備な点を正したり、不足な点を補って整えてゆくのは、組織を継承する指導者たちの役目であり、責務だと、老爺はここに強く指摘しておく。彼も老爺と同じ様に思いを持っており、こうしたことを期待していたに違いありません。ついでに、今を生きている老爺は、前にも述べたことだが、武士であった彼とは受けた教育や経験が全く違っている。よって、老爺は彼の政策や行動に対して両手をあげて賛同できません。しかし、彼が突出した武人、軍略家、そして為政者であったことは認め、評価せざるをえません。

◎ 徳川 吉宗

○ 吉宗の登場

大御所の死から百年ほど経っての出来事である。七代将軍の家継は七才で夭逝《ようせい》した。彼には当然、世継ぎがいなかった。そこで徳川幕閣の閣僚たちは大御所の取り決めにしたがって、庶流の家、すなはち御三家のうちの尾張徳川または紀伊徳川の二家から始めて養子を迎えることに決めた。そして、いろいろと紆余曲折《うよきょくせつ》はあったが、宗家に養子入りしたのは紀伊徳川家の頼方《よりかた》であった。彼は宗家において継嗣不在が明らかになった時には紀伊徳川家の五代目当主の座にあって頼方と名のっていた。この後に彼は改名して吉宗を名乗るようになった。

吉宗は貞享元年（１６８４）に紀伊徳川家の二代目当主、光貞の四男として生まれた。彼は、当初妾腹の子であり、紀伊徳川家の当主の座からは遠い存在でした。ところが、彼には正室の子である兄たちのたて続けての死という事態があり、幸運にも、藩主の座を占めていた。このような予想外の相続は、若死にする人の多かった江戸時代においては珍しいことではなかった。こんな彼をみていると、人には運、不運のあることを、老爺は思い知らされる。

この時の徳川幕府の閣僚たちが、大御所がかって、三代将軍の指名に際し、自らが動いて周りの者に見せつけた事例を尊重する。すなはち、御三家内の尾張徳川家と紀州徳川家の間にも順序、序列があることを閣僚たちが思いだし、このことを尊重していたのであれば、家継の継嗣となるのは御三家筆頭の尾張徳川家の当主、吉通《よしみち》でなければならなかった。しかし実際には、吉宗が吉通を飛び越えて宗家への養子入りを果した。

ついでに、江戸の賢くて、目ざとい庶民たちはこの継嗣決定人事における不自然さにいち早く気づき、即座に行動に移していた。「宗家の世継ぎは大奥の女人たちが選び、決めた。」などと、辛辣《しんらつ》に批評し、本件を芝居などに仕立て、おもしろおかしく揶揄嘲笑《やゆちょうしょう》したのである。この辺りのことは皆さんも映画やテレビなどのドラマを通してよくご承知のことかと老爺は拝察しております。

男尊女卑という有り様が厳然として存在していた封建制度の時代、この頂点に立つ絶対君主、将軍の下では、継嗣決定などの重要案件は当然、将軍の家継が、いや、この場合は将軍に変わって幕府の執政たちが手順に従って決めたはずである。だが、現実は違っていた。正妻や側室などが居住する閨房《けいぼう》にすぎない大奥が決めたと、目ざとく、賢い江戸の庶民たちは事実を見抜いた。戦のない、平和な時代が続いていたので、庶民たちもそれなりの学びをし、知識を深めていた。したがって、理にかなっていない幕府の処置に対して、庶民たちはこのような反応が出来たのである。

○　吉宗を登場させた陰の力

裏御殿の大奥の住人たち、女人たちはいつの間にか財を蓄え、その力を表御殿の統治機構に向かって行使するようになっていた。こうした状況に対し、小禄で貧しく、家禄も低く据え置かれたままにあった閣僚たち、いわゆる譜代大名や旗本たちはぬかりなく、彼女らの意向を忖度するようになっていた。これは至極自然の成り行きだと言ってもよいだろう。何故ならば、小禄のままに据え置かれており、蓄財できないようにされていた閣僚たちは、当然のこと、財力を手にしていた大奥の意に添うように徐々に飼い慣らされていた。賢明な江戸庶民たちは、こんな大奥という閨房の女人たちの思惑で幕府が動いたと、いち早く気づいて反応してみせたのでした。

男尊女卑が当然、当たり前のことであった封建時代にあっても、幕府の裏御殿、大奥だけは別世界であった。治外法権の場と化していた。そして表御殿の男たちも彼女らを手引きするようになっていた。

このような訳で、大奥は一層、増長し、厚かましくなっていたと評価しても間違いないだろう。江戸時代も中盤ともなると、大奥の無理押しがまかり通るのが当たり前のことになっていたのだ。

封建時代の絶対君主の下では、何処の世、何時の世であっても、権力機構の周辺に往々にして、大奥のような魔窟ができ、統治機構本来の意向や決定をねじ曲げるのはよくあることだ。珍しいことではありません。江戸幕府の場合では大奥がこれに当たるだろう。したがって、大奥も江戸幕府が抱えていた弱点の一つと化していたと言ってもよい。武士の長であった大御所も、将軍、覇王の家の周辺にこうした輩がはびこり、政をひん曲げるようになることにまでは思いが及ばなかったであろう。

江戸時代当初から裏世界である大奥、閨房《けいぼう》に住まう女人たちが表の世界の政を司る人たちに対して力を行使していた。こうした人物の最初だと言ってよいのが、春日局（家光の乳母）であろうか。その後、時代を経るとともに。大奥の女人たちは思いの通じる表世界の輩と巧妙に結託して、政に口を出す度合いをどんどん高めていった。こうした有り様は人の世によくある有り様の一つだとみて黙認するのか、いや、これは亡国の兆しだと厳しくみて、問題視するのかは、議論が分かれるところでしょう。なお、老爺は後者に組みして話をしている。

そもそも、絶対君主制の下では大奥のような閨房の主は、時の将軍ただ一人である。そして、この上に侍《はべ》る正室と側室たち、加えて具体例をあげれば、各々に仕える下女たちであろう。さらに加えるとりれば、主の母親や子供たち、そして彼らに仕える乳母たちなども含まれましょうか。こうした人々の住処が膨大な数の人々（大奥は一説によれば、千人を擁《よう》したともいう）が住まいする巨大な魔窟と化すこと自体が老爺にはよく分かりません。金、銭《ぜに》のあるところに人が群がり、寄る、と一般に言われているが、大御所にも大奥がこんな事態になるとは想定できなかったに違いありません。

改めて、人とは本来、どんな状況、体制の下にあっても、私利私欲という魔力の虜《とりこ》になりやすい生き物である。そして、その生き物の身体の中に、欲という我《が》が住みつき、膨らみ始めると、アリが砂糖に群がるように、類似の輩が集い寄ってくる。その上、彼らは結託して仕組みを大きくし、力を大きくして盛んに動きだすのを否定できません。加えて、人とは元々、大義や道義に悖《もと》ることを平気で行なう、厄介《やっかい》な生き物である。ましてや、銭がからめば、話は一段と難しくなる。現代人もこの点をよく心得ておかねばなりません。老爺が思うに、こうした不条理を糺して修正できるのは唯一、教育、すぐれた学びの力、知恵の力である。そしてこれらを信じ、頼るしかないと老爺は学び、教育の秘めた力に期待している。

○　吉宗も関わった規則違反

話を本筋にもどそう。紀州徳川家の藩士たちは大奥が育み、蓄えてきた力をよく理解し、知っていた。そこで、彼らは巧妙に画策、行動し、そして目的を達成したというのが実のところでしょう。そもそも、

〃火のないところに煙は立たない〃との例えにあるように、紀伊の藩士たちは大奥の秘めている力を信じて主、吉宗のために懸命、かつ巧妙に働きかけ、思い通りに成果を得たのである。対する満ち足りた国、豊かな国に育って暢気者が多かった（?）、尾張徳川家の藩士たちは、紀伊徳川家の藩士たちとは対照的であった。彼らは御三家筆頭優位との説を信じていて、裏工作において後れを取った。いずれにしても、この事件が庶民の芝居のネタにまでなったのは老爺にはよく分かる。権力に関わる話というのは、誰にも分かり易く、そして面白いのだ。

老爺は話を続ける。掟破り、規則破りが行われたとしても、これを正そう、たしなめようとする者がいるうちは、その統治組織は順調に機能していると言ってよい。しかし、このような者がいなくなったり、こうした声が小さくなると、この組織はすでに、かなり重篤で危険な事態に陥っていると見てさしつかえありません。組織内で一旦、こうした行為や状態がまかり通り始めると、この組織は加速度的に蝕《むしば》まれてゆくだけでなく、世の中をも悪くしてゆくと老爺は歴史から学びとっている。皆さんはこの点を如何に見、如何にお考えになっておられましょうか。加えて、この時期の徳川幕府の状態を如何にご覧になっておられ、判断されているのでしょうか。

○　吉宗の御三卿《ごさんきょう》の創設

将軍家の八代目当主となった吉宗は、将軍在職終盤期になって息子たち、宗尹《むねただ》と宗武《むねたけ》を祖とする〃

橋〃と〃田安〃の二家を新たに設けた。さらに、少し間をおいた、彼の隠居時代のことになるが、後継将軍の家重（吉宗の長子）の第二子、重好を祖とする、〃清水〃の家も設けた。先の二家と合わせた三つの家は以降、まとめて〃御三卿〃と呼ぶようになった。これが御三卿の始まりである。

ところが、この御三卿の家々はこの先、処々方々で起こる事々に口を挟むようになる。徳川幕府が政権を運営し、維持してゆく上で困った問題を次々と生み出してゆく存在となってゆく。これらの問題については、老爺はおいおい話をしてゆく。ここでは、老爺は御三卿の家々が、今も述べたような存在となっていった問題点、すなはち家々自身が創設時から抱えていた根本的、かつ深刻な問題について話をしておく。

まずは、吉宗が御三卿の家々を軽々に設けたという点である。事実、御三卿の家々の創設のために、彼は宗家を頂点とする、封建制の時代のあり様にそぐわない、等しく十万石、都合、三十万石を手当てしただけでした。彼が家々に期待した事々の大きさを考えると、この平等さと少ない石高にこそ、根本的な問題が潜んでいたと、老爺は指摘するのだ。ちなみに、領国の小ささ故によく泣かされながら大成していった大御所は、この当たりのことを身をもって経験し、よく知っていた。よって、彼は御三家の家々設置の折、都合、百六十万石余をも奮発している。対する彼の分家、御三卿の創設であったのだ。

○　御三卿の抱えていた問題点（一）

御三卿の家々は、今、指摘した点以外にも問題を抱えていた。その一つは家臣に関わるものである。御三卿の家臣は家創設当初から、今風に言えば、出向家臣、宗家直臣の出向によって賄《まかな》われた。そして、これは徳川幕府が消滅するまで続いた。出向という有り様は一見、画期的であり、斬新であるかにみえる。しかし、個人、人それぞれよりも、〝家〟という形を重視した封建時代ではこの有り様は全く馴染まないのだ。出向させられた家臣たちの中から、出向先の家の将来のことを真に思い、懸命に務めてくれる者は出難いと、老爺は言いたいのだ。その上、潤沢な褒賞や恩賞が保証されていないままであっては、尚更のこと、出向した彼らに精勤、精励を期待することは極めて難しい。

御三卿の家の家臣の有様を今日の有様の中に探し、当てはめてみれば、親会社から子会社や系列会社などへの親会社社員の出向であろう。出向という制度は、何かと行き届いた保証や気使いが確立している今日にあっても、当該者とその家族の辛抱や我慢という尊い犠牲の上に成り立っている制度であり、無理のあることは否めません。老爺はこんな理由から、御三卿の家々は繁栄しない、長続きしないと断じたのである。

吉宗は御三家の紀伊徳川家の二代藩主の光貞と妾腹の間に四男として生まれた。したがって、正妻の子、兄たちのように厳しい帝王学を科されることもなく、勝手気ままに育ったようだ。こうした彼はつの不満を抱えていたと老爺は推察するのだ。この不満の内容である。彼は勝手気ままはできたが、その一方で、彼は正室の子らと何かにつけて大きく差を付けられていた。このことに彼は不満があった。この不満の発露こそが彼の御三卿の設置の有り様に見て取れると老爺は言いたい。すなはち、こんな思いを経験した彼であったからこそ、彼は三つの家の間にあえて差をつけなかった。彼はおそらく、深い考えを凝らしたのではなく、自分の経験だけから、封建制度下における本来の有り様、長幼の順などと言う、大切な有り様に逆らったのだ。

加えて、吉宗には、自分が乗っかり、享受している封建制度という、上に立つ者にはおいしい仕組みを支えている根本的なことが分っていなかった。理解していなかった。老爺は彼をこのように見ざるをえません。彼が三つの家は均等であってもかまわないとした背景に関する老爺の考察でした。彼は自身が乗っかり、頼っている組織や仕組みが抱えているいろいろな問題点、そして、それら各々の善し悪しについて自ら考える、人に尋ねる、あるいは教わることもなかったと、老爺は推察しているのだ。封建制度の時代を生きた彼ではあるが、彼はこの時代ならではの原理、原則の部分の確かな知識と認識に欠けていたと、老爺には思われてなりません。

○　封建制度下の家

封建制の江戸時代にあって最も大事にされ、位置づけられていた〝家〟と〝その存続と永続〟に関して徳川宗家の場合を例に引いて、家に関わる老爺の見解をここで披露しておく。家を継続させるためにと、最大かつ最高に充実した体制と組織（？）を構えている大奥があった徳川宗家における江戸時代前半期の当主相続の状況である。宗家は大がかりな閨房、大奥を擁していたにもかかわらず、わずか四代の将軍でもって直系相続ができない事態に陥ってしまった。継嗣を得るための仕組み、閨房だけは大きなものになっていた。しかし、そこの主《あるじ》は戦国の侍とは違う、健康であり、生気に溢れているとは言い難い、時の将軍唯一人だけでした。したがって、子供が少ない、継嗣がいないと言った結果になったのもやむを得ないことであったと評価している。

そこで、時の閣僚たちは継嗣候補者として、三代将軍の家光によって新たに広がった親族、家光直系の男子たちに着目した。彼らは大御所の申し置きも念頭にはあっただろうが、直近将軍、家綱との血の濃さを第一にと考えて処置したのであろう。この仕儀自体に根本的な間違いはなかったと老爺は理解し了解している。しかし、彼らはこの時も、継嗣問題に関して大御所の申し置きをすでに軽んじていた、継嗣の選定を幅広く考え、優れた人を選ぶという柔軟さに欠けていたと老爺は指摘しておきたい。

閣僚たちは家綱の弟（家光の子）、綱吉を迎えて五代将軍とした。しかし、この綱吉も男児には恵まれなかったので、彼は甥の家宣《いえのぶ》を養子に迎えて六代将軍とした。その後、家宣の血脈、流れも息子の家継七代将軍でもって途絶えてしまった。なお、大御所が十分に気遣いした御三家はどの家においても、この時点では相続は順調に行われていた。吉宗が宗家と御三家での相続状況をよく認識、承知しておれば、御三卿の創設には大御所の御三家のような経済的な余裕のある仕置きと細心の気配りが必要であったことに気づけたはずだと老爺は思っている。なお、宗家におけるこのような事態は、健康で長寿であり、しかも大層な男子に恵まれた至福家であった大御所には思いも及ばなかったことでしょう。

○　御三卿の抱えていた問題点（二）

今一つの問題点は先ほども話した、御三卿の家々の小さすぎる領地が秘めていた問題である。御三卿の領地はいずれもわずか十万石でした。しかも、領地は各地に点在していた。こうした領国の統治や維持管理はたいそう効率が悪く、難しかった。加えて、十万石を分割した領国はどれもが小さく、それぞれに陣屋を置く程度であったので、十分な領国の経営はもとより、満足な参勤交代も行えなかった。この有り様も改められることなく、幕府の終焉まで続いた。

吉宗の試みは、限られた領地とその米生産高に依存した農本主義的な経済体制の下では、大御所の御三家のように広い領国を与えることは難しかったかもしれません。しかし、この有り様では他の大名に厳しく課していた参勤交代も満足に行えなかった。彼の御三卿設置を突き詰めて言えば、例外、目こぼしの事例を為政者側自らが造り出したことであったのだ。徳川幕府を長期に渡って維持し、これからも継続してゆく上で深刻な事態を生み出す始まりとなった。このような点からも、彼の御三卿の設置は問題含みであったと、老爺は言わざるをえない。

問題含みと言った理由である。例外、目こぼしは固定的で、非流動的であった封建制度の下ではあってはならないことであり、厳禁であった。事実、御三卿の当主たちが上述したような点を理由にして江戸に居座った。参勤交代制度を無視するのが当たり前のことになった。吉宗以降、徳川幕府政権維持上、あってはならないことが権力者側によって公然と行われ始めたのである。また、閣僚たちもこうした事態を忖度し、黙認していた。どんな体制、制度の下にあっても、特にその中心である政においては例外を当たり前にしてはいけないのだ。なお、参勤交代制度についてはこの後で改めて話すことにし、老爺は本来の話をまず先に進めてゆく。

以上のように、吉宗の御三卿の設置は大御所の御三家の設置とを比べてみると、金遣い、気遣いともに不十分でした。老爺がみるところ、吉宗の御三卿設置における配慮不足は、この先、幕府維持上、深刻な問題となって影響を及ぼしていくのである。よって、彼は自分の血脈を徳川幕府の中で活かしてゆきたいと考えていたとしても、詰まるところ、息子や孫可愛さだけで、御三卿の家々を設けたと、老爺は彼の所業をまとめざるをえません。御三卿の設置、特に、徳川政権下におけるその位置づけについて老爺は評価いたしかねるのだ。以降、御三卿は吉宗系将軍たちの威光を笠に様々な問題を生み出し、徳川政権を悪い方向へ急速に導いていく、主要な元凶の一つと化していくのである。

○　御三卿の設置の意味合い

御三卿の創設は老爺が繰り返し話しているように、吉宗に深い考えのないままに実行された。しかも一方で、彼はこんな御三卿に対し、御三家並みの分不相応な、大きな願いを込めていた。当然のこと、対する御三卿の家々はこうした身の丈以上の期待に応えねばならなかった。この不均衡さこそが最大の問題点であったと老爺は言いたいのだ。

中途半端な御三卿創設には幕府の根幹を揺《ゆ》るがす問題が潜んでいたと、老爺はここで、重ねて指摘しておく。ついでに、老爺はもう一言話しておく。吉宗と家重の両人は将軍在職中、十八家の大名の改易を行い、七十五家の大名の転封を行った。上手に対処しておれば、御三卿の家々の基盤を整え、充実させることはさほど難しいことではなかったと、老爺はみているのだ。

吉宗、家重親子は政に対して自信満々過ぎ、謙虚ではなかった。したがって、御三卿の家々が抱えている不備や欠点に気づけなかった。彼らの治世時代は併せれば、比較的長かったにもかかわらず、家々を補強し、充実させるなどは一切行なわなかった。彼らは傲慢でもあったのだ。徳川の世は盤石だと盲信していた。こんな彼らであれば当然のこと、大御所が御三家、特に軍事的に要衝の地を占めている尾張徳川家に託した思いと願い、具体的に言い直せば、西国で発生するかもしれない謀反や暴動などに対する対処、対策、すなはち徳川幕府の危機について考えもしなかったのは当然であった。

吉宗と家重親子は為政者として最も大切な危機管理意識に欠けていた。彼らは徳川幕府を維持継続させる役目を負うた者として最も大切な大事をおろそかにした。すなはち、〃危機対策〃を全然考えていなかったと、老爺は断じざるをえません。つまるところ、彼らは息子や孫可愛さだけで、御三卿の家々を強引に設置したにすぎないと言われても仕方がなかった。

　吉宗親子の御三卿設置は宗家において継嗣問題が起きた時には御三卿の家の者、すなはち、彼らの血統でもって充てることだけを考えて設けたにすぎません。これは徳川幕府の後継者が尊重すべき大御所の業績、御三家の設置などをないがしろにしたことである。重ねて、彼らは国政を私物化し、為政者としてはあってはならないことを重ねた。加えて、尾張徳川家は勿論のこと、彼らの実家、紀伊徳川家をも宗家の継嗣問題から事実上、閉め出していた。彼らは余りにも短慮であり、狭量でした。世の中、特に、徳川幕府維持存続上、最も大切な約束事であり、大御所の苦労の結晶でもあった御三家設立の意味と意義に関するいろいろをよく学ばなかった。つまるところ、彼らは自分たちの拠り所である宗家、将軍家の歴史について不勉強であったことにつきる。

　老爺は同じことを繰り返えし話すことになるが、彼らは大御所が御三家に対して言い含めた、各家の意義や役割、特に、彼が尾張徳川家に託した切望に思いを及ぼすことはなかった。彼らは尾張徳川家はもちろんのこと、紀伊徳川家をも軽んじ、疎《うと》んじた。特に、彼らは大御所が尾張徳川家に期待した切望、

「宗家守護における最大で最後の拠点となってくれ。」の意味を全く理解していなかった。自分が継いだ宗家という家の歴史について考えたこともなかった。老爺は言葉をいくつも重ねねばならないが、一言で言えば、無学と無知ほど怖いものはないのだ。

○　御三卿の弊害

家重没後、百年と経たない徳川幕府最末期のことである。彼とその親が執着した自分たちの血筋である十三代将軍家茂とその閣僚たちは、彼らが犯した過ちの報いに直面して青ざめ、狼狽《うろた》えることになる。さらには、彼ら自身の血筋もあっけなく絶えてしまった。加えて、その後九年でもって徳川幕府は終末を迎える。すなはち、幕府は大政奉還、幕府崩壊へと一気に転げ落ちてゆくのである。仏教で言う、因果応報とでも言って、まとめる事態が徳川宗家と徳川幕府とを直撃するのだ。

老爺は同じ話を繰り返すが、御三卿の家々の領国の石高は少なすぎた。新三家の石高はそれぞれがわずか十万石では宗家を支え、重要な役割を果たしてゆく家の経済的な裏付けとしては頼りなく、貧弱でした。御三卿の家々は徳川幕府の足を引っ張り始めていた譜代大名や大奥などと何ら変わりはなかった。加えて、身分制度が厳然としていた封建時代にあって、御三卿の家々に順序をつけなかったことも問題でした。吉宗親子はこの封建時代の常識、基本を理解していなかったと老爺は重ねて話しておく。これらの点はここで、譜代大名や旗本たちの困窮し始めた家々の例を改めて引いて話すまでもありません。

話がたびたび曲がりくどくなるが、吉宗父子は不備、不全の御三卿の家々に、大御所が御三家の家々に期待したように、過大な願いを込めた。しかし、御三卿の家々が彼らの願いを果たして行く場合を考えると、家々は規模が小さくて、貧弱すぎ、余裕がなかった。この有り様は苦労人であった大御所の御三家の設置の有り様とは大違いであったと言わざるをえません。彼らが苦労知らずの坊ちゃんでしかなかったことや、厳しく指導したり、教えてくれる家臣や指南役などを身近に置いていなかったことを我々に教えてくれもしている。

老爺はここで、大名家の領国の大小がもたらす余裕や振る舞いに関する挿話を話しておく。文久3年（1863）のことである。加賀の国、金沢の前田家では十三代当主の齋泰《なりやす》は母、隆子（公家の鷹司家の出）のために立派な隠居所（成巽閣《せいそんかく》と呼び、現在は重要文化財）を同家の庭園、兼六園内に建てた。さすがに知行地の石高百万石を誇った大名家の有り様である。ほとんどの譜代大名家が疲弊していた幕末期にあって、前田家にはこの程度の臨時出費ができる余裕があったのだ。老爺がこれ以降、盛んに注目し、話題にする家の規模、そしてその家のもたらす余裕の多少とはこのようなものなのである。

御三卿の家々は設置以降、家の規模の小ささがもたらす貧しさそのものや、貧しさが導き出す強引さや強欲さを大名諸家に対してひけらかしていく。例えば、家々は全国の大名家の継嗣問題にも、宗家の威を笠にして介入していく。世の中が経済的に拡大し、進歩する中で、御三卿の家々は時を経るごとにいやらしく、そして厚かましさを増しながら、方々で無理難題を言い続けるのである。換言すれば、息子や娘を養子、婿、あるいは嫁として強引に押し付けるようになるのだ。こんな御三卿の家々の我欲の最大の犠牲者が御三家筆頭の尾張徳川家であった。

第二話　尾張徳川家と江戸徳川宗家

第二話では尾張徳川家と徳川宗家の人々、加えて、両家の分家の人々も登場する。さらには、こうした彼らに関わって、大きな影響を及ぼした人たちも登場する。なお、第二話の舞台は家康、大御所によって宗家が最も頼るべき大事な家として設置された御三家筆頭の尾張徳川家に変わる。この家は江戸時代中盤から、皆さんのほとんどがご存知ないことだが、吉宗系宗家と御三卿の家々によって屈辱に満ちた処遇の下に長期に渡って捨ておかれていた。

○　尾張徳川家とその分家

尾張徳川家には美濃の国、高須《たかす》（現在の岐阜県南西部の海津市）に飛び地の領地があった。尾張徳川家の二代当主、光友はこの地に次男、善行のための家、分家の松平家を起こした。尾張藩の石高、六十二万石（正確には六十一万九千石）からみて妥当な石高、三万石を割って与えて分家を創設した。以降、この分家は高須松平家（以下では高須家とする）と呼ばれるようになった。高須家は以降、尾張徳川家において跡取り不在の事態に陥《おちい》った時、頼りにされる家の一つとなった。

老爺は今、「・・・頼りにされる家の一つとなった。」と、あいまいに話した。その訳である。光友は残る二人の息子たちにも類似の処置をしていた。事実、彼には尾張徳川家を継いだ長子の綱誠《つななり》の他に、三人の男子、義行、義昌《よしまさ》、友著《ともあき》がいた。彼は尾張徳川家の安泰と永続を願って大御所の御三家に習って分家を興した。義昌は大久保家、友著は川田久保家の家を継がせた。老爺は以降、これらの家々を便宜上、〝尾張版御三家〟と呼んで話を進めてゆくことにする。

○　吉宗系宗家の尾張徳川家への無理難題、養子押し付け

御三家筆頭の家、尾張徳川家では吉宗没後さほど時を経ない頃に、高須家などの尾張版御三家に声をかけねばならない事態、継嗣不在が立て続けに発生した。具体的には、尾張徳川家の九代の宗睦《むねむつ》に始まり、十代の斉朝《なりとも》、十一代の斉温《なりはる》、十二代の斉荘《なりたか》、そして十三代の慶臧《よしつぐ》には揃って、世継ぎの男子に恵まれなかった。

御三家筆頭の尾張徳川家で続いた継嗣不在という非常事態に際し、吉宗血脈の徳川宗家はその都度、強引に介入した。換言すれば、吉宗系の宗家は尾張徳川家に吉宗血縁を養子として押しつけ続けた。宗家は尾張徳川家には尾張版御三家があることを承知の上でごり押しを続けたのである。最初の養子押しつけに際しては、さすがの宗家も押しつけに難渋したが、結局は権力をもって強引に目的を達成した。ところが、二度目の押しつけからは至極容易なことに変わった。何故ならば、二度目からの押しつけで

は時の当主が宗家ゆかりの者であった。封建制度のこの時代、時の家の長《おさ》、すなはち藩主の一言は大変重く、厳しいものがあった。

尾張藩はその都度、宗家の横暴に屈して養子を受け入れざるをえなかった。十代目には斉朝（一橋家より）を、十一代目には斉温（宗家より、将軍家斉の子）を、十二代目には慶蔵（田安家より）をそれぞれ迎え入れた。特に、四度に及んだ宗家主導の養子押し付けは、事実上、吉宗系宗家による尾張徳川家の乗っ取りであったと老爺はあえて直言しておく。なお、当然のこと、尾張版御三家は四度にわたって出番を塞《ふさ》がれた。また、こんな異常な事態が連続したので、尾張徳川家は事実上、御三卿の家々の風下に置かれたと言ってよい。

尾張徳川家はこの時期、不幸なことに、こうした難局時において頼り、相談すべき人を持っていなかった。宗家の度々の養子押しつけと言う、常軌を外れた事態に際し、「分家にも候補者がおりますので……」などと、交渉に当たるべき周旋《しゅうせん》人がいなかった。すなはち、時々の将軍や幕府閣僚たちに対し、その是非について論理的に説き、説得させるに足る格式と権威をもった家や人がいなかった。さらに具体的に話せば、公家、大大名家、または付け家老家などに適任者がなかった。この点こそは尾張徳川家がこの時期に抱えていた一番の泣き所であり、問題点であった。

尾張徳川家は吉宗系宗家の言いなりにならざるを得なかった。堪え忍ぶ時がえんえんと続いた。同家は屈辱を味あわされ続けた。加えて、この事態は幕府の閣僚たちに、尾張徳川家は御し易いとの認識を植え付けてしまったので、これも尾張徳川家と尾張藩にとってはまずいことであった。なお、尾張徳川家の今ひとつの泣き所と考えられる付け家老については、後で場を変えて話すこととし、老爺はここでは本筋の話を先に進める。

○　宗家が送り込んだ養子たちの所業

老爺はここでは、江戸徳川宗家が尾張徳川家に押しつけた四人の養子たちの行状について皆さんに話すことにする。彼らは揃って本分を弁《わきま》えない、不心得者ばかりでした。例えば、養子入り先の領国、名古屋にもどって領国を検分したり、領国の経営に励むなどの藩主として務めを果たすようなことはなかった。こんな彼らは、政務は当然のこと、面倒な事々は総て家臣任せでした。彼らはいずれも江戸の尾張藩藩邸に居座って放蕩《ほうとう》、贅沢三昧《さんまい》の日々を送った。十万石と、余裕のない家から来た養子たちは卑しく品位に欠けていたのだ。

宗家の押しつけ養子たちによって、踏んだり蹴ったりの目にあっていた尾張徳川家と尾張藩にとって、不幸中の幸いとも言うべきことが唯一つだけあった。それは彼ら押しつけ養子たちはいずれも世継ぎに恵まれなかったことである。よって、尾張徳川家に吉宗の血脈が根付かなかったという点である。しかし、尾張徳川家では同じ事態、すなはち継嗣不在、継嗣探しと言った非常事態が続き、その都度、宗家の執拗な理不尽があって泣かされ続けたのである。

押しつけ養子たちによる日々の放蕩三昧によって、豊かであった尾張藩の財政は、逼迫《ひっぱく》してしまった。老爺はここで、大切な点について注目し、話しておく。彼らが横着し放題を続けていた裏では、幕府自身にとっても深刻な問題が育まれていたのだ。その問題とは、幕府が取り決めた、重要な約束事の無視であり、不履行であった。より具体的に話せば、吉宗血統の将軍家、御三卿の家々、そして幕府の閣僚たちが暗黙に了解することが始まっていた。徳川幕府の大切な取り決めである武家諸法度と参勤交代制度とが公然とないがしろにされ始めた。ここでも、大御所苦心の作、徳川幕府の屋台骨をゆるがす事態がまた一つ、宗家自身とその閣僚たちによって始められていた。

○　武家諸法度

さて、徳川幕府存立の根幹をなした大切な制度の一つに武家諸法度である。参考までに、武家諸法度は最初に発布された年号から、〝元和令〟と呼ばれることもある。この法度は幕府存立の基本をなす法律の一つでした。ここで法度の内容を簡潔に説明しておく。武家諸法度は徳川氏が豊臣氏を征討した直後の１６１５年（元和元年）に、大御所と秀忠によって発布された。なお、武家諸法度は発布当初、以下で示すような十三ヶ条からなる法律でしたが、最終的には十九条へと充実され、整備された。ここでは参考までに、発布時の法度の全条項を以下に披露しておく。

一《ひとつ》、文武、弓や馬の道をしっかり嗜《たしな》むべし。一、皆で群れて酒を飲み遊ぶことは慎むべし。一、法度にそむいたものを国に匿《かくま》うべからず。一、大名、小名は、各々がかかえる士卒が反逆し、殺害の連絡があれば、すみやかに追放すべし。一、これ以降、他国の者を自国に置くべからず。一、居城を補修する際は報告すること。現在築城中の城は工事を中止すべし。一、隣国で不穏な動きあれば、すみやかに報告すべし。一、私的な婚姻は結ぶべからず。一、参勤する際の作法（従者数等）を定める。一、衣服は階級で分け、混乱させるべからず。一、みだりに輿に乗るべからず。一、侍はみな倹約を旨とすべし。一、国主は政務に精通するべし。

尾張徳川家へ送り込まれた養子たちのしでかしていた諸々の所業は、誰が判定を下したとしても、上記条項のいくつかに違反したことは明らかであり、間違いなかった。したがって、彼ら尾張藩主と尾張藩は即刻、罷免あるいは改易の対象となり、家は絶えたのは当然のこと、場合によっては藩をも消滅していなくてはならなかった。しかしながら、吉宗系宗家が乗っ取った家、そして藩は無事あり、無傷のままであった。言い換えれば、日和見の幕府の閣僚たちは将軍や御三卿の家々の人々に忖度して口を噤《つぐ》んでいたので、尾張徳川家と尾張藩は取りつぶされ、なくなることはなかった。彼らには大事を厳として行うだけの覚悟と度胸がなかった。彼らはすでに堕落しきっていたと、老爺は本件の仕儀について結論づけておく。

老爺はついでに、この頃の徳川幕府の閣僚たちの〝いい加減さ〟について、もう一つの具体的事例を話しておく。それは上記の異常事態の続いていた時期とほぼ同じ時期に起きていた。紀伊徳川家の八代当主、重倫《しげみち》が関わる一件である。彼は紀伊藩の重臣を串刺しにするなど、数々の非道を行った人物として悪名高かった。彼の罪状も、間違いなく、武家諸法度に違反していた。よって、この幕府お得意の改易の対象事項以外の何ものでもなかったが、紀伊徳川家は改易されなかった。当人の隠居でもって、事を収めたのである。本件は武家政権の大原則、武士道の精神に違反していた不祥事であったにもかかわらず、こんな仕儀でした。武士の幕府内ではこのように、上位の者に忖度することが日常茶飯事となっており、片手落ち裁定が常態化していた。この幕府はすでに腐りきっていた。

○　参勤交代制度

続いては参勤交代制度についてである。この制度は家光将軍統治時に確立した。本制度は諸大名と文代寄合《よりあい》（三千石以上の大身で無役）の旗本を対象にして課した必須の義務であり、避けて通れない役務でした。本制度も幕府維持上、大切であり、重要な対策でした。加えて、本制度には彼らの妻子は人質として江戸に留め置かれることも附随していた。彼ら対象者たちは原則、隔年交代で、石高に応じた人数を率いて出府する、そして藩主と随行者たちは在府中、それぞれの江戸屋敷に居住して将軍の統帥下に入るように定められていた。本制度は徳川幕府が配下である大名たちに、〝多大な出費を強いることであり、反逆の芽をつむ〟という、大名や大旗本を統制する上での巧妙かつ重要な施策であった。

参勤交代制度はこの時点、尾張徳川家への養子押し付けが続いていた頃も当然のこと、厳守され、履行されていた。なお、参考までに、幕府の特別の役職、例えば副将軍、輔弼《ほひつ》（補佐）役などを引き受けた大名だけは開府当初から本制度の対象外とされ、免除されていた。さらに加えて、本制度履行上、例外とされた時期もあったので、披露しておく。それは吉宗八代将軍が享保の改革を始めた頃のことであった。彼が発案し、実施した〝上米《あげまい》〟制度を大名たちに認めさせ、定着させるために参勤交代制度の履行は八年間ほどゆるめた。

しかし、この便宜的な制度、上米制度については後ほど詳しく話すことにしているが、矛盾含みの処置でした。上米で得られる幕府収入の増加に比べ、大名とその家臣たちが参勤交代と江戸在府中に費やす出費の方が明らかに多かった。おかしな事になっていたのである。吉宗の行った政の多くは何時も、このように細かすぎ、小細工が過ぎていたことも事実であった。加えて、彼は徳川幕府本来の大原則がおろそかにされ、忘れられていたと、老爺はあえて言い添えておかなくてはなりません。

武家諸法度と参勤交代制度こそは、江戸幕府と徳川将軍家が三百を超える大名諸家に対し、長期に渡って圧倒的な優位に立ち続け得た最大の原因であったとしてこれまで高く評価されてきた。封建的な徳川幕府の政治において上に立つ者、この場合は吉宗系将軍やその親族大名（御三卿）たちが率先して両方の約束事を蔑《ないがし》ろにし始めた。これこそは幕府の崩壊の始まり、政権放棄以外の何ものでもありません。吉宗系将軍と御三卿の当主たちなど幕府関係者たちは揃って墓穴を掘り始めたと、老爺は話している。彼らが最初に始めた横着の極みが、幕府最高の取り決め、武家諸法度や参勤交代制度の軽視、そして無視であったのだ。

○　受難、そして雌伏の時の尾張徳川家

尾張藩の家臣たちの多くは、主家において最初の継嗣問題が発生した時、江戸宗家の無理押しに対して黙認してしまったと老爺は見ている。彼らは当初、事の重大さに気づいていなかったと言うのが実のところであった。彼らがこうした行動を採った背景についても老爺は話しておく。尾張藩と藩士たちの生い立ちと気風を皆さんに理解しておいていただきたいのだ。

尾張藩の領国、尾張の国は立地、気候、地政など、いろいろな点において恵まれていた。豊穣な緑野、豊かな大河と大海、加えて木曽のすばらしい山林までが手の内にあった。これらから様々な産物を恒常的に得られ、そして利活用できた。それらの実入りは莫大であり、安定してもいた。つまり、尾張藩、尾張徳川家は元々豊かで安定した領国であり、家でもあった。吉宗系宗家、御三卿の家々、そして徳川幕府の閣僚たち真の狙いはこの尾張藩の豊かさの、幕府による私化にあったと言っても良いかもしれませ

ん。宗家と幕府は前にも話したが、尾張藩を単に、自分たちのものとしたかったのかもしれません。いずれにしても、尾張の国は天候さえ普通の状態であれば、物産は確実に収穫、確保できる、気候温暖で豊かな国である。よって、ここに暮らす民人たちもまた、円満、穏やか、そして鷹揚である。そこで、彼ら、家臣たちの多くは当初、〝金持ち喧嘩《けんか》せず〟を決め込んだと、老爺は推察している。

こんな尾張徳川家家臣たちも宗家筋から繰り返し養子を迎えるという事態、加えて、彼らの浪費癖《へき》にまでは思いや考えが及ばなかったに違いありません。彼らは養子藩主たちが元凶である藩財政の悪化に身をもって実感することになり、各々も事態の重大さにやっと気づいた。彼らはもはや、悠長なことを言っておられなくなった。とは言ってみても、彼らも吉宗血脈の養子藩主の下では如何ともし難かった。こんな彼らは何時からか、救世主の登場を待望するようになっていた。

○ 尾張徳川家の救世主登場の予告

こんな尾張藩の藩士たちの期待に応えてくれるのは、美濃の国、高須家から尾張徳川家十三代、慶蔵《よしつぐ》の養子となり、その後、十四代藩主となる慶勝《よしかつ》である。彼は養子入り以降、尾張藩の危機的状況に陥っていた、財政を初めとする諸問題の解消に向けて真摯、かつ懸命に対峙する。彼はまず、財政問題の改革と改善に立ち向かう。当然のこと、実害を受け初めていた藩士たちも彼に信頼を寄せ、その努力に賛同し、協力してゆく。彼と彼らは結束力を高めながら、尾張藩本来の力を徐々に取り戻していく。これらの事実、実績こそは彼、慶勝がその後、大活躍をする裏付け、支えともなるのである。こうしたくだりは第三話において詳しく話をするので、皆さんにはよろしくご期待ください。徳川慶勝登場の予告コーナーでした。

○　尾張徳川家の苦悩

江戸時代の中頃、御三家筆頭の家において、誰もが「まさか！」と思う、非常識と異常事態が長期に渡って続いていた。吉宗系宗家による無理無体がまかり通っていたのだ。こうした無理無体については通常の日本史の講義などでは誰も教えてはくれません。老爺も例によって、日本史探訪を楽しんでいる最中、この事実を始めて知った次第である。そして、「え！」、「本当にこんなことが何度も続いたのか。」と思わず独り言していた。皆さんもこのような事はご存知なかったことでしょう。そして、専制政治体制の下、凡庸な権力者や為政者たちの強引さ、横暴さ、すなはち横着には改めて、あきれはてておられることでありましょう。

大御所が艱難辛苦《かんなんしんく》の末にやっと開いた徳川幕府もすでに、百五十年余りの時を数えていた。この幕府は老爺がみるに、この間に会津藩の初代藩主である保科正之《まさゆき》（後ほど、改めて話をする予定である）以外に、真に英邁《えいまい》な将軍や閣僚たちに恵まれなかった。したがって、この幕府は開府当初から内在していた問題点だけでなく、その後、徐々に派生してきた問題点に対しても適切な修正や補足などの対策を講じないままに、時間だけを無駄に重ねていた。幕府は最早、病める巨人、厄介な存在でしかなくなっていた。

この時点、十八世紀半ばには無責任な徳川宗家や徳川幕府はすでに、随所で破綻をきたしており、綻《ほころび》が噴出し、急速に弱体化し、無能な政体と化していた。幕府がこのように無惨な状況に陥《おちい》っていたにもかかわらず、歴代の閣僚たちもまた、尾張徳川家の押しつけ養子たちの掟《おきて》破りに代表される、数々の不行跡に対して無知、無関与を決め込んでいた。彼らは時の将軍と御三卿の当主たちに忖度し、見て見ぬふりであったのだ。ここで、老爺は改めて指摘、強調しておくが、封建制度の時代とはこのような無責任で理不尽な時代であり、評価すべき点は極めて少ない、未成熟な政治制度の時代であった。

一つの体制や制度が長く続くと、忖度を初めとする、手抜きや怠慢などが世の中にはびこり、満ち溢れるようになる。そして世の中は崩壊へと進んでゆくのが普通の有り様である。なお、こうしたことは封建制度の時代だけに限ったことではありません。何時の時代、何処の国のことであっても、こうした悪事は政権終焉や亡国の始まり以外の何ものでもないのだと、老骨はここで皆さんに対して警鐘を鳴らすとともに、強く注意を喚起しておく。

○　徳川政権下の大名諸家

老爺はここらで徳川幕府における譜代大名など、大名諸家の幕府内における位置付けや役割などについて整理し、説明しておく。徳川政権下にあっては、将軍家を頂点にし、その下には臣下として位置づけられた三百余りの大名家があった。こうした大名家は大きく五つ群に群別されていた。大名は決められた群ごとに江戸城内の御殿における居所、そこでの席次は当然のこと、儀式における処遇、役務などについても差がつけられ、厳格に区別されていた。

ピラミットの頂点としての将軍家を筆頭に、以下順に御三家の大名家と御三卿の大名家（吉宗・家重将軍治世時から始まった家）、御家門の大名家、譜代大名家、そして外様大名家と大別されていた。参考までに、御三家、御三卿、御家門の大名家は、将軍職を手にした徳川宗家と血統的に近い親戚筋の大名諸家である。彼らは徳川幕府設置当初には、幕政には関わらないと決められていた。その後、徐々に状況が変わり、御家門格の大名家も幕府政務の一翼を担うようになった。この変更の陰には、譜代大名たちの老獪で姑息なやり口があって、こうした変更がもたらされたと、老爺は見ている。なお、強調するのだが、幕府創設当初は大御所の思いによって幕府の役職に就き、政に関われたのは譜代大名と旗本の一部だけに厳しく制限されていた。

外様大名は数こそ最も多かったが、家格の点では最も低く格付けされていた。彼らは徳川幕府の中央政権の政務には関われなかった。老爺はこのような話をしていて、改めて思うことがある。残念なことであったが、江戸幕府は幕末期、黒船を目の前にして右往左往するような事態に直面した。しかし、この幕府は大名とその家臣たちの中から、才能、叡智の士を江戸に結集し、ともに国難にあたるといった考え方に至れなかったことである。この硬直さもこの幕府創設以来の専売特許であり、欠点であった。参考までに、備後の国、福山の藩主、阿部正浩が老中であった時に、意見を広く求めたことが一度だけあった。１８５３年（嘉永元）のペリー来航に際し、開国の是非を広く問うたのだ。残念なことだが、こうしたことは彼の頓死もあって、一過性の出来事で終わってしまった。

外様大名に次いで多かった大名は、譜代大名である。彼らの先祖の多くは二分できる。一方は大御所が松平と名乗って、三河の国で苦難、苦闘していた時以来の家臣たちであり、その出世頭たちである。もう一方は、大御所が領土を少しづつ広げていった折に、新たに召し抱えていった家臣たちのうちの出世頭たちであった。双方はいずれも領国一万石以上を与えられて大名に列せられた。

家康や秀忠の旗下にあって、出世競争において後れを取った家臣たちはもっと数多かった。彼らもまた、与えられた知行所、領地の多少によってさらに二分できた。比較的大きな領地を与えられた家臣たちを〝旗本〟と呼んだ。そして、さらに低い身分の家臣たち、〝禄〟を幕府から直接与えられた家臣たちを〝御家人〟と呼んだ。なお、旗本は将軍に拝謁することを赦されており、〝御目見（得）〟と呼ばれることもあった。もう一方の御家人たちは〝御目見得以下〟と呼ばれた。参考までに、旗本たちと御家人たちは徳川幕府の組織上は徳川宗家、すなはち将軍家の直臣（直参ともいう）と位置づけされていた。

　参考までに、旗本と御家人はテレビ、映画、芝居などの時代劇によく登場する〝旗本八万騎〟のことである。ついでに、この八万という数字についても補足しておく。この数字は旗本と御家人を単純に合計した数値のものではなく、彼らに仕えていた家臣たち、すなはち、陪臣《ばいしん》たちを加えた合計値である。さらに補足しておく。八万騎という数は将軍直属の兵員数であり、いざという時に将軍が動員できる兵の総数である。なお、馬に乗ってはせ参じる騎士の数ではない点にも注意しておかなくてはならない。

○　徳川幕府の癌と化した譜代大名

　繰り返すが、大御所と秀忠親子は息子などの身内には甘かった。御三家を始めとする分家の創設には大判振る舞いをした。これはこれで良しとしたとしても、その一方で、彼らは苦楽を共にした譜代大名、旗本、御家人たちの処遇においては大変渋かったと言わざるをえません。事実、彼は譜代大名の大多数は多くても十万石程度、ほとんどは数万石の大名として処遇した。結果論であるが、この仕置きにこそ、問題があったのだ。大御所親子はこの折に、譜代大名たちの心の中に不平不満という種を蒔いていたのであった。なお、例外的に高禄を与えられた譜代大名家もいくつかあった。その代表と言ってよい大名をあげるとすれば、近江の国、彦根を領有した井伊家である。それでも、その領国の石高は三十万石であった。

大御所は股肱《ここう》の家臣たちの報償においてはしみったれていたが、その一方で、彼は彼ら、譜代大名や旗本には政に参画できるように取り計らった。彼は彼らに広い知行地を与えられなかったことに対し、釣り合いを取ったつもりであった。彼は彼らをこのように遇することで帳尻を合わせられたと考えたのだ。彼は譜代大名などの自尊心をくすぐり、誇りをもてるようにしたつもりであった。これこそが大御所独特のバランス感覚の発露であると、これまで高く評価されきた。しかし、老爺に言わせれば、ここには厳しい現実が隠れて潜んでいたことに、さすがの彼も気づいていなかった。

○　譜代大名たちが直面した現実

大御所の譜代大名などに対する詭弁《きべん》とも言える処遇であっても、彼の目の黒い間、生きている間は順調に機能しているかにみえた。その訳を老爺なりに推察すれば、大御所が大成して大きくなった頃の器の大きさをさんざん見せつけられてきた譜代大名などが、「やむを得ない。」と諦め、務めに励んだためであろう。ところがその後、譜代大名などは世の中が落ち着きを取り戻し、経済が順調に成長し始めてゆく中で、厳しい現実に直面させられた。分かり易く換言すれば、戦国末期の諸式、いわゆる物価と、時代を降った時期の物価は違っていた。時代と推移とともに、彼らの実入りでもって買える物や量が徐々に減ってきた。いわゆる穏やかなインフレが時と共に進んでいたためである。

領国の大小、実入りの多少は、老爺が先ほど指摘したように、譜代大名たちが家を維持する、政に参画して活躍するなどを行う上で、切実な問題となって彼らに重くのし掛かってきたのである。今日を生きている老爺には譜代大名などの領国の石高を聞くだけで、彼らの内情の善し悪しが予想できるのだ。事実、彼らは時代が降るとともに、徳川政権内にあって、厳しく、辛い立場に立たされる場面が多くなった。彼らは政務に関わること自体が割に合わないことだと、自ら体験して知ってしまうのである。

大御所も自分の身内には大判振る舞いをして充実した家々を設けた。一方、彼は直臣たちの将来の懐具合は斟酌《しんしゃく》してやらなかった。いや、彼はそこまで気が回っていなかったと言うべきであろう。彼も経済の実際には詳しくなかったのだ。また、彼は生前、やっておきたいことが多すぎ、譜代の臣たちに論功に叶った処遇をしてやれなかったことも事実であっただろう。老爺は彼の直臣たちに対する論功行賞の有り様を以上のように見、評価している。彼と彼らはともに経済活動の実態、〝経済は成長するもの〟だという状況にまでには知恵が回らなかったのである。

老爺は以上のように話してみたものの、人生の過半を戦いに明け暮れし、家を守り抜き、大きくした大御所にこれ以上のことを期待するのは酷《こく》なことだと、ここでは老爺は彼を弁護しておく。彼以降の歴代将軍たちも揃って、譜代大名や旗本などに経済の推移・動向や、命じた役職における働きに見合った再評価をし、加増をしてやるなどはなかった。よって、彼らは何時しか、幕府内外においてずる賢こく立ち回るように変っていった。分かりやすく言い直せば、彼ら自身にとっても不本意なことであっただろうが、策を弄《ろう》し、姑息《こそく》に振る舞わざるをえなくなった。彼らが宗家に対して誠実でなかった理由については老爺すでに話しているが、この点は肝心なことであるので、重ねて話した。

徳川幕府の政の有り様、農本政策の下では、農地を増やすことは、大変に難しかった。加えて、この幕府は残念なことに、蝦夷地の開拓などを思いつき、積極的に動こうとする閣僚に恵まれなかった。なお、このことについても一度だけ例外があった。すなはち、１７８６年（天明元）に、時の老中の一人であった田沼意次が、ロシア舟が蝦夷地に来航したのを受けて、この地の調査を命じている。彼の脳裏には蝦夷地の開拓と利用もあったのではと、老爺は推察しているが、彼の思いは彼の失脚によってうやむやになってしまった。

徳川宗家や徳川幕府は限られた領土での、限られた実入りの下では譜代大名や旗本などに大幅な加増してやれなかった。しかし現実は、世の中の経済が徐々に拡大、成長してゆくにつれ、譜代大名や旗本たちの苦労は時とともに増え、増大した。言葉を重ねるが、世の中、社会というものは原則、安定な世が続けば、成長するのである。大御所が家臣たちに播いた種はこんな状況下で芽を吹き、次第に大きく育っていった。彼苦心の幕府もこのように完全無比、絶対的な統治組織ではなく、いくつもの矛盾で満ちていたのである。

徳川幕府の組織、制度などは手直しする事や追加補足する所は時とともに増えていた。しかし、すでに指摘したように、歴代将軍を始め、彼らに使えた閣僚たちは自分たちの統治体制や統治組織の不備、不全について本格的に考え、手直したり、補強するするようなことはなかった。よって、江戸時代中頃にはすでに、幕府はその場限りの、役立たずの統治組織と化していた。こんな組織でもこの後、百年余りも存続できたのは封建制度の時代であったからである。〃近世〃という変化に乏しく、穏やかに推移していた封建時代がこの幕府には幸いし、助けてくれた、そして長らえさせたと老爺は評価している。

○　配置先に不実な付け家老

〃吉宗系宗家の尾張徳川家への無理難題、養子押し付け〃の話をした折に老爺が話題にした尾張徳川家の泣き所の一つ、付け家老に関する話にやっともどってきた。老爺も今更の話のようでもあり、場違いだとの思いがしなくもありませんが、話しておくことにする。大御所は御三家を設置した折に、それぞれの家の安泰と永続を願い、心利いた直臣を補佐役として送り込んでいた。彼が送り込んだ押し付け補佐役は一般に、〃付け家老（あるいは付け人家老）〃と呼ばれた。

大御所は、「息子を助けてやってくれ。」、「息子の家の力となってくれ。」などと言って、懇願、委嘱した。これも大御所流の細やかな気遣いの発露であるとして、世人はこれまで、「苦労人ならではの心遣いだ。」などと、この処置を誉めそやしてきた。しかし、老爺の見るところ、彼らは配置先の家々ではその監督、管理において深刻な問題と化し、面倒な存在でしかなかったと、老爺は指摘したい。このような指摘をせざるをえないのには、これから話すような訳があったのだ。

大御所は尾張藩、尾張徳川家には宗家の数多な直臣の中から成瀬、竹腰の両氏を選んで送り込んだ。これを受け、尾張藩は彼らに平均的な譜代大名の石高と比べても、引けを取らない石高を与え、重要な役目を任せた。彼らは大御所に肩叩きされていなければ、何処かで領国を与えられて譜代大名に列せるような功績をあげていた面々であったからだ。参考までに、筆頭付け家老である成瀬氏の場合である。彼は犬山城（現存する数少ない国宝の城）まで与えられた城持ちの家老として中仙道の維持と治安に睨みをきかせるように尾張藩から付託されていた。

大御所が声をかけた付け家老たちは一般に、御三家のどの家においても他の家老たちとは区別され、厚遇された。にもかかわらず、尾張徳川家の家老たちは特に、配置先に対して不実であったと言わざるをえません。度重なる宗家の養子無理強い事件の顛末《てんまつ》をみただけでも、彼らが尾張徳川家のために誠心誠意働いていたとは、老爺はどうしても言えないのである。事実、彼らは配置先に対して不遜、不実であったと言われてもしかたがなかった。彼らはこの後で具体的に話すが、幕府に対して特別の伝《つて》、チャンネルを持っており、幕府からも一目置かれる存在であったのだ。しかし、彼らは尾張藩から見れば、今も述べたような役立たずの存在であったと、老爺は繰り返して話しておく。

○　付け家老たちの別の顔

尾張徳川家に配された付け家老たちが不遜、不臣であった具体的な理由を老爺は挙げてみたい。その一つである。大御所は付け家老たちに本来の指令とは別に、「宗家の目付（間諜）でもあってくれ。」と申し付けていた。大御所は彼らに別の顔を持つように強いたのだ。これは用心深い大御所ならではの、狡猾な指図でした。したがって、彼らは今も話したように宗家においても特別の立場が保証されており、連絡のための伝《つて》をもっていたのだ。

付け家老たちの一連の行動をこの立場に立って評価すれば、彼らは皆、宗家にとっては忠実な僕《しもべ》であったのかもしれません。しかし、老爺は大御所のこのような老獪さ、用心深さをどうしても好きになれない。大御所とは世間一般の評価とは別に、こうした油断ならない、食えない男でもあった。政とはこのようなものだと言えば、話は終わるのだが、大御所政治の現実は泥臭いものでした。

大御所はよかれと考え、付け家老たちに命じ、御三家の各家に配置した。そして二つの思いを託した。彼らはこうした第一と第二の思いとは別に、今一つの不遜な思いも育み、抱え持っていたのだ。これは大御所に対する裏切りだと見て取れる行動でした。尾張徳川家の付け家老たちはこのような思いを秘めていたこともあって、江戸時代を通して尾張徳川家の頭痛の種でしかなかったと言ってよいだろう。事実、尾張徳川家は養子問題に直面して再三再四の屈辱を味わわされたが、尾張徳川家に配置された彼らはこの時はもちろんのこと、江戸時代を通して配置先に心から馴染み、この家のために心底尽くすことはなかったと、老爺は言っておく。

今も予告した、尾張藩の付け家老たちが尾張藩に対して不忠であった最大の理由である。彼らは大御所時代からすでに百五十年余の時が経っていたにもかかわらず、幻想を抱き続けていた。その幻想であるが、「陪臣はいやだ。」、「宗家の直臣になりたい。」、「大名、譜代大名に戻りたい。」、「譜代大名として幕閣において力をふるいたい。」などと思い続けていたことだ。かっては同僚であった譜代大名たち、幕閣たちの活躍が羨《うらや》ましかったのだ。こんな彼らに対し、「宗家を仕切っている譜代大名たちの貧しさや、卑しさが見えていないのか。」、「尾張の国は諸式、物価が落ち着いており、暮しやすくないのか。」、「現在の配置先が危うくなろうとしているのに、宗家の直臣なれるとでも思っているのか。」などと、独り言している老爺である。このような横着な思いこそは、老爺が先ほど話した、大御所に対する彼らの裏切り行為であるのだ。

付け家老たちのように、男が権力への夢、野望を抱くことは、男子本来の矜持《きょうじ》であるとの見解もある。だが、このような矜持を何時までも執拗に持ち続けることは問題なのだと老爺は言いたいのである。人の有り様は、時、立場、対象などによって時々刻々変わってゆくものであり、何時も、そして何処でも容認され、賞賛されることではないと、老爺はここであえて言っておきたい。特に、大御所に信頼されて委嘱された本来の役目が御三家の家のための付け人であり、間諜としての務めは二次的、副次的な役目なのである。配置先が貶《おとし》められ、無視されていては配置先そのものの行く末が危ういのだ。さすれば、本来の役目すら果たせなくなるのだ。しかし、彼らにはこのあたりのことがよく分かっていなかったのではと、老爺は話している。

尾張徳川家は江戸の宗家から度重なる養子押しつけという異常な事態に何度も直面した。ところが、同家の付け家老たちの態度と姿勢は変わらなかったと、老爺は重ねて話さざるをえません。彼らは独善的な思惑や野心を抱え続けたままであり、裏に回っては幕府に尾張徳川家や尾張藩の内情を知らせ、媚を売っていた。尾張藩の情報を逐一流していた、漏らしていたのだ。こうしたことの結果もあって、尾張徳川家の宗家に対する立ち位置は、その都度乱れるばかりで、腰砕けの態のままでした。

付け家老の側に立って彼らを弁護してみる。宗家や幕府の締め付けがあって、彼らの話を聞き続けざるをえなかったと彼らは自己弁護するかもしれません。しかし、こうした反論に対し、老爺は同意できません。実のところを話せば、彼らは江戸の宗家とその閣僚たちに巧妙に利用されていたのだが、彼らにはこれが見えていなかった。加えて、彼らを仮に、直臣として呼び戻そうとすれば、幕府は彼らのために何拾万石もの領地を工面しなくてはならないのである。譜代大名や旗本たちに加増できない幕府がである。

「陪臣が何だと言うのか。」、「余所の庭は美しく見える。」、「譜代大名たちの厳しさと辛さが分からないのか。」、「幕府の懐《ふところ》具合がよめないのか。」などと、老爺は独り語している。彼らの不誠実さ、諦《あきら》めの悪さを尾張の領民たちもよくみていたようで、陰では揶揄嘲笑《やゆちょうしょう》していた。〃庶民はあなどり難い〃と言ったところである。

何時の世であっても、庶民の中にも目や耳がよく、頭の良く回り、そして辛辣な者がいるので、侮ってはいけません。なお、参考までに、付け家老、成瀬、竹腰の両氏は廃藩置県後に、彼ら自身は勤王派として際立った寄与、貢献もしなかった明治新政府から、爵位、男爵を授かったのだ。老爺はこの史実に対し、「何とも皮肉なことよ。」、「果報は寝て待つものなのだ。」などとでも、言えばよいのだろうか。よく分からない、明治政府の仕置きであった。

◎　徳川　宗春

○　尾張の宗春は吉宗のライバル

老爺はここで話の時代を宗家による尾張徳川家受難の時代から少し前、享保十年（１７２５）頃にまでさかのぼる。この時代、尾張徳川家には時の将軍、吉宗と経済政策において張り合った、若くて有能な藩主がいた。尾張徳川家の祖、義直の曾孫《ひまご》の宗春《むねはる》のことである。彼は吉宗の好敵手、ライバルであった。

宗春は尾張徳川家の三代、綱誠《つなのぶ》の側室の子として生まれた。彼は天賦《ぷ》の資質に恵まれていた。加えて彼は真面目な性格であった。こんな彼は幼少より勉学を好み、よく勤《いそ》しみ学んだ。側室の子であった彼には正室の子である兄たちがいたので、生家、尾張徳川家の家督とは無縁の身であったが、彼はこの点には無頓着でした。こんな彼に直近の兄、継友の頓死という事態があって望外の尾張徳川家の七代の座が転がり込んできた。彼の境遇は紀伊徳川家の吉宗とよく似ていたが、学びの多少という点においては大違いであったと、老爺はまず話しておきたい。

宗春について話を先に進める前に、老爺はここで、読者の皆さんに注意喚起しておくことにする。これは尾張徳川家の四代当主、吉通が大御所本来の取り決めに通りに、八代将軍の座についていたとした場合の、例えばの話である。皆さんにはしばし、ご容赦いただき、老爺の説明におつき合い願いたい。老爺は宗春という人の徳川宗族内における立ち位置を明確にしておきたいのである。彼を吉宗のライバルだと、今、老爺が話した理由にもなる話なのだ。

さて、大御所の言い置き通りに八代将軍になった尾張徳川家の吉通である。彼は早死したので、息子の五郎太が七代将軍の家継のように将軍となったかもしれない（この場合は五郎太が短期の九代将軍になったかも?）。しかし、五郎太は六代将軍の家宣のように夭逝しているので、宗春の別の兄の継友（吉道の後の尾張徳川家当主）が兄、または甥の後を継いで、十代（あるいは九代）将軍になったと考えられる。

この継友も早死にした。そこで、継友の後を継いで尾張徳川家の当主となっていたであろう、弟の宗春が十一代（あるいは十代）将軍となったと、老爺は考えるのだ。さすれば、宗春と吉宗の立場が逆転しているのだ（この仮りの話では紀伊徳川家の藩主のまま）。宗春とはこうした立ち位置にあった人物である。宗春と吉宗はライバル関係にあったと言っても、何ら無理ではないのだ。皆さんもこのような点を頭の片隅におかれて老爺の以下の話におつき合いいただきますと、話が一段とおもしろくなろうかと存じます。

改めて、本来の尾張徳川家の宗春である。彼は幼名を万五郎と言い、元服後は通春《みちはる》と名のっていた。彼は生まれながらにして、直向《ひたむ》きな性格であり、幼時から勉学に熱心に勤《いそ》しんだ。その後、彼は陸奥、梁川藩、三万石の藩主に奉じられた。徳川宗家にはこの時期、血縁的に近い身内をこの程度に遇するだけの余裕がまだ残っていた。このようにして大名になった彼に対し、二度目の春風が吹き抜けた。兄である尾張藩藩主の継友が頓死したので、宗春が尾張徳川家へ養子入りすることになったのだ。

○　宗春の決意表明

御三家筆頭の尾張徳川家を継ぐことになった宗春は、自分が日頃、胸に秘めていた政に対する思いと決意を急ぎまとめあげた。そのとりまとめの内容の簡単な紹介である。彼は藩主たる者の心得として重要であり、大切であると彼自身が常日頃考えていた政に関わる事々を一気にまとめたのだ。

詳しくは省略するが、宗春は〝慈悲と忍耐〟、〝人間の尊厳〟、〝商業の重要性〟などと、政を行う上での心得を二十一ヶ条に整理した。そして、このまとめを著書、「温知政要《おんちせいよう》」として世間にも公開した。宗春は並みの殿様では考えもしない、そして行いもしない、洒落《しゃれ》た芸当を行ってみせたのである。彼は希有で、真摯な人物であった。彼はこのように知と才に長《た》けた文治派的な人物であった。同時に、彼は後で改めて話すことになるが、情に厚いが、理知的で、冷静な人物でもあった。

老爺はここで、著者が本書の冒頭、〝始めに〟において話した、人に関する歴史について話した注意事項を皆さんには改めて思い出していただきたい。宗春は尾張藩藩主となって八年後、時の将軍、吉宗に逆らったとして罰せられた経歴をもった人物である。したがって、彼の人となりや事績などは事実とは随分違って伝えられてきたと、疑いの目でもって見るべきなのだ。この視点こそが老爺が本著の〝初めに〟で話した、歴史における大切な注意事項であり、視点である。人の歴史において、時の権力者から見た政敵などの事績は往々にして作為が紛れ込むものである。

事実、宗春の人となりや実績なども、巷《ちまた》で伝えられてきた事々とは随分と違っていた。彼の著作、「温知政要」を読めば、容易に分かることであるが、その内容は彼の性格、学識の広さ、学びの深さ、そして考え方の斬新さが窺えるものでした。この著作によれば、彼のすべてがよく理解できる。彼はやはり、相伝されてきた人物像とは違っていた。実際は人情味にも溢れた、すばらしい人物であったのだ。なお、吉宗は彼を処罰した折、彼の著作、「温知政要」も発禁処分にしてしまった。彼は吉宗にとってはライバルではなく、目の上の瘤《こぶ》であり、目の敵《かたき》でしかなかった。そして〝坊主憎くければ、袈裟《けさ》まで憎し〟といったところであった。吉宗とは、巷で伝承されてきたような明朗で、豪放な将軍とは違っており、このように心の狭い、小心な男であったのだ。

○　宗春と斬新な政

老爺は今も述べたばかりだが、宗春とは、仁の心、人を慈しむ心をもった、慈悲深い人物であった。

このことを示す具体的な事例があるので、披露しておく。彼の治世下の尾張藩では、人の命が広く尊ばれ、死罪判決が一件も出なかった。彼は今日風に言えば、人道主義者、博愛主義者であった。彼は人を差別することなく、こよなく愛し、尊んだ、この時代には極めて希な人物であった。武士の時代には珍しい人物であった。彼の英明な考え方、生き様はこの後、第三話に登場する徳川慶勝と相通ずるところがあると、老爺は二人を見比べている。

　加えて、宗春は軽妙にして洒脱《しゃだつ》な粋人でもあった。尾張藩の七代藩主となった後、彼が初めて、〝お国入り〟した時の挿話が名古屋の街では今も語り伝えられている。彼は歌舞伎役者のように派手な衣装で身繕《つくろ》いをし、三尺余りの長いキセルを手に持ち、牛の背に乗って領民たちの前に登場した。彼のこんな茶目っ気振りには、迎えに出た尾張の領民たちも一瞬、びっくり仰天したが、彼らはその後、彼に気に心を寄せていった。彼は政を行う上で、民人の同意と協力が必要なこともよく分かっていた。したがって、彼は一瞬にして領民たちの心を掴むのに成功したのである。

　一般的に言えば、文治派政治家と位置づけてよい宗春である。彼は尾張藩藩主に就任した後、政においては商い、商業の秘めている意味、意義に注目し、期待した。そして商いを重視する立場に立って政を開始した。解放的な重商主義的な政策を採用し、推し進めだしたのである。より分かり易く説明すれば、彼はまず、江戸、大阪、京都などから商人や芸人を呼び寄せた。そして名古屋の街の活性化を計た。併せて経済、特に商業の活性化をも計った。彼は名古屋に代表される尾張藩を、人は当然のこと、物と金のよく動く世の中にしようと目論んだのである。言い換えれば、彼には農業の限界がよく見えていたと老爺は評するのだ。

○　宗春は信長を学んだかも？

宗春のこうした政策に思いをはせる時、老爺は何故か、同じ尾張の国出身で戦国の英傑、織田信長を思い出すのだ。参考までに、皆さんもよくご存知の信長は、若い頃から、商い、商業からの実入り（上納金）に注目しており、その力を十二分に活用していた。彼は織田家の家督を継いだ時点では、尾張の国一国すら掌中にしてはいなかった。一言で言えば、尾張の片隅の小さな大名にすぎなかった。

こんな織田信長がこの時期、西尾張地方における物流の中心地であった津島（現在の津島市）の川の港と、今一つの物流の中心地であった熱田（現在の名古屋市熱田区）の海の港を押さえ、支配していたのだ。彼は他の大名たちとは目の付け所が違っていた。そして両所から得られる上納金を積極的に利活用して戦国の乱世をのし上がっていった。なお、彼は上洛を果たすと、まっ先に、目先が利き、気配りに優れていた木下藤吉郎秀吉（後の豊臣秀吉）を泉州、堺に派遣し、この地を支配するべく動いたのは有名な話である。加えて、彼は自分の支配地において楽市楽座の制度を積極的に導入し、商業活動を保護し、奨励している。彼、信長もまた、商い、商業の秘めている力と効果がよく分かっていた。

宗春が思い切った政策を押し進めた。その結果、彼の治世期間は短いものであったにも関わらず、尾張名古屋の街々に今日の繁栄にも繋がっている活気と賑《にぎ》わいをもたらし、根付かせてしまった。加えて、名古屋の街では芝居のような遊芸も盛んな地になった。彼の治世以前には地味な印象しかなかった名古屋という街を、〝尾張名古屋の街は芸所《げいどころ》〟などと呼ばれるようにし、全国に名を成すように変えてしまった。彼もまた、信長のように、他の人とは目の付けどころが違っていた。

宗春という人物は今も述べたが、今日風に言えば、商業、物流、サービス業などの〝第三次産業〟の秘めている価値、力、そして可能性がよく解っていた開明的な人物であったと評して間違いない。しかし、彼が採用し、奨励した諸々の政策は、残念なことであったが、この時代の農業、すなはち領国内で得られる米の収穫量に基盤をおいた経済体制の下ではいささか問題が残こるものでした。まだ若かった彼は目先ではなく、遠い先を見すえて政を始めていたのだと、老爺は推察している。そして老爺は彼を擁護《ようご》し、理解してあげたい。このような結果、目先の尾張藩の財政改善が二の次になったと言われても致し方なかった。

○　宗春の受難

案の定、享保の改革を進めていた吉宗は将軍就任後、秀吉や大御所の晩年のように天下人病に罹ってしまっていた。こんな彼は宗春について老爺が今もお話ししたような点、すなはち目先の経済問題を軽視したこと、商い、商業を重視するあまり、華奢《きゃしゃ》を煽《あお》ったなどと問題視したのである。加えて、彼は自らが先導している享保の改革を軽視したこと、これらはすべて落ち度であるとして宗春を貶《おとし》め、罰した。これは封建制度下における最高権力者のごり押しでしかなかったのだが、御三家筆頭の家の当主と言えども、彼が将軍の臣下である以上、抗すべき術はなかった。これこそは封建時代の有り様でした。享保十七年（１７３２）の出来事である。

改革や改善における手段や方法はいろいろある、また、その道筋もいろいろあるなどと言ったり、話せるのは、今日の自由と平等の時代に生きている者たち、老爺などだからである。したがって、当然のことでしたが、封建制度の時代の専制君主に対しては通用しなかったのだ。

宗春の治世はわずか八年ほどと短いものであった。残念なことに、彼の斬新で革新的な政策は絶対主義の権化といってもよい将軍、吉宗によって、無理矢理に頓挫、中止させられてしまった。若く、賢明であり、鋭くもあった彼にとっては、無念この上なかったことであったろうと、老爺はこの折の彼の心情は察するに余りあると、深く同情している。一方で、吉宗の仕打ちを疎《うと》ましく思い、厳しく非難しているのだ。

なお参考までに、この頃、十八世紀初めには、西欧諸国においてはすでに、重商主義政策が世の中を席巻する時代へと進み、発展していた。西欧の国々は国家間で物品をやり取りすること、すなはち、貿易を行って差額、すなはち利益を貪りあうことを競いあい始めていた。西欧諸国はすでに走り始めていたのだ。ついでに、農業重視、重農主義は西欧においては、日本の場合とは違っていて、十八世紀後半になって限られた国で短い期間の間だけ勢いを得た経済政策でした。補足すれば、フランスのクロムエルやコルベールによる行き過ぎた重商主義政策を批判する政策として、重農主義政策はフランスのケネーなどによって主張された経済の一時的な有り様でしかなかったのだ。

○　吉宗と享保の改革

宗春に対するは武断派政治家と目してよい徳川吉宗である。吉宗と言えば、皆さんの脳裏にまっ先に浮かんでくるのは享保の改革でありましょう。この改革策は彼が主導した経済改革政策としてよく知られているが、一言で言えば、相も変わらぬ第一次産業重視の改革策でした。換言すれば、重農主義的な改革政策でした。彼は農業こそが国の基《もとい》だとの考えの下、人々、特に農民たちに無理を強いてこの改革を断行した。学び不足の彼には室町幕府が行った勘合貿易のように、幕府が主導して海外貿易を行い、徳川宗家や幕府を富ませるなんぞの考え方は、夢の夢であった。彼は狭量で、一本気な人物でした。老爺が思うに、先に話した宗春が将軍になっておれば、いづれは海外貿易にも思いが及び、海外交易をも大々的に始めていたかもしれません。

さて、吉宗による享保の改革における具体的な内容を話しておく。彼は限られた国土の下、特に、徳川宗家や徳川幕府の収入増加だけを目論んだ。農業による収入の増加を目指した。そこで、彼は農民たちに対しては、〝定免法《じょうめん》〟を、大名などに対しては新たに、〝上げ米〟をといった、宗家と幕府だけに都合の良い、収入増加政策を打ち出した。そして、大名たちに無理を強いて苦しめた。この定免法は勿論のこと、一方の上げ米法もまた、疲弊していた農民たちに一段の無理を強いることには変わらなかったが、狭量で唯我独尊的な人物であった彼には分かる由もなかった。彼は一言で言えば、享保の改革において疲弊しきっていた農民たちにより一段の無理を強いて苦しめた。

用語の説明が後になってしまいましたが、定免法とは、過去数年間における末の年平均収量を農民に税として負担させ、上納させるという徴税方法であった。この方法は豊作、不作に関わりなく、一定の収穫量を納めるというものでした。受け取る側の徳川幕府には、毎年、一定の収入が予想でき、確保できるので、都合の良い課税方法でした。対する、すでに疲弊している農民にとってはうまみがますます少なくなってしまう酷《むご》い方法でした。〝つらく、しんどい〟課税方法でしかなかった。また、上げ米とは、徳川幕府が各大名の領国の石高に応じて課税し、納入させるという今までになかった新しい税制制度でした。具体的に補足説明すれば、大名の領国の石高一万石につき、百石の米を幕府に上納させるという徴税方法でした。臣下である大名に対し、幕府が始めて課税することになった方策でした。吉宗の幕府はこの新たな課税策の実施と引き替えに、すでに、破綻寸前におちいっていた参勤交代の制度をわざとらしくゆるめるなどと言って、譲歩する姿勢を見せたりした。

しかしながら、吉宗の上げ米制度はこの後、十年を待たずして廃止に追い込まれた。この顛《てん》末は時の最高権力者自身による政策でもあってか、後世に詳しく伝えられてはいませんが、大名たちの抵抗が、吉宗や幕府閣僚たちが予想した以上に大きく、激しいものであったことが、老爺には窺《うかが》われる。特に貧しさの中に追い込まれていた譜代大名たち、いわば、身内たちの抵抗の大きさと激しさが老爺にはよく理解できるのだ。なお、この政策も最終的には農民にしわ寄せが上乗せされることであり、〝農民いじめ〟であった。これは誰の目にも明らかでした。

吉宗はこれら新課税に加えて、関東地方における幕府直轄地を中心に新田の開発を大々的に強行した。主に、この地の農民たちをかり出して幕府の収入増加を計るべく目論んだのだ。そして、彼はこちら政策ではそれなりの成果を得たのも事実であった。すなはち、徳川幕府に収入増加という成果をもたらしたのである。しかし、最も疲弊困憊していた農民たちには割が合わず、一層、疲弊していったのも一方の事実であった。

結局のところ、吉宗の諸政策は相も変わらず、政の稚拙さに加え、経済の停滞も相まって疲弊しきていていた世の中自体を劇的に変えるにはほど遠いものであったと、老爺は評するしかありません。ただ、将軍自らが改革などを先導したという行為そのものは、歴代の徳川将軍の中で、これまでのところ、大御所、秀忠、家光を除けば、彼だけであろうか。この点だけは評価しておかなくてはならないだろう。

○ 泣かされたのは農民たち

何時の世でも、最も弱い者、この徳川時代の場合では農民たちのことになるが、彼らだけは時代が降っても、むしり取られることは変わらず、より一段と疲弊困憊《こんぱい》していった。厳格な世襲制度下、彼らは何代にも渡って苦しめられた。特に、気候条件の悪い北国における農民たちの労苦の深刻さは、想像を絶するものでした。しかも、職業世襲制度の下、こうした苦しみが来る日も来る日も延々と続いたのである。吉宗将軍には民人たち、特に農民たち、彼の改革の根幹を支えてくれる人々を慈《いつく》しみ、育むという心が欠けていたと老爺はみざるをえません。

さて、老爺には不思議に思っていることがある。すでに前に話したことだが、江戸幕府は室町幕府のように、国や幕府主導の勘合貿易のような貿易による収入の増化を何故、考えなかったのであろうか。独断専行型で、自ら改革を目指した吉宗であっても然りでした。おそらく、目立ちたがり屋であった彼は理財に長けた指南役、師匠などに真摯な目を向け、彼らを抜擢し、自由に働かせるといった太っ腹なところがなかったようだ。一般的な見解であるが、人が自分に足りないところを補って大業を成し遂げるには、能力のある相応しい人と巡り会って、その人の指導を得たり、任せることも必要であり、大切である。しかし、彼にはその気と機会はなかった。

さて、徳川幕府が海外貿易に手を出さなかったのは、中途半端な鎖国政策に最後まで振り回されていたとでも言えば理由説明になるのであろうか？　あるいは徳川幕府の体制と政は吉宗のようなワンマンな将軍によっても引っかき回せなかったとでも言えばよいのであろうか？　老爺には今一つよく分からない幕府であり、その政であった。

さて、吉宗が主導、先導した享保の改革の是非に関して、農民たちの動向に注目して老爺なりに考えを話してみる。老爺は以下の数字をあげるので、吉宗の政に対する最終的な評定は皆さんのご判断に委ねたい。１７１６年（享保元）から１７４５年（延享二）までの二十九年間に及ぶ彼の治世下、加えて１７４５年から１７６０年（宝暦十）までの十五年間に及ぶ息子、家重の治世下、合計して四十四年間の農民一揆の発生状況である。そのうちの具体的な数字を一つだけあげてみる。１７１６年から１７３５年までの二十年の間に九十件の農民一揆が発生している。農民一揆の発生数は吉宗治世以前よりも大きく増えているのだ。彼の治世時代には享保の飢饉などと呼ばれる、気候不順であった時期も含まれていたが、これを差し引いても、農民一揆の発生件数は非常に多かったのも事実である。

さらに、１７４３年（寛保三）から１７７２年（安永元）までの三十年間では、年間五十件を越える多さであった。追いつめられた農民の一揆が頻発したのだ。なお、老爺はここで言い添えておくが、1750年には幕府は別途、〝百姓強訴の禁止令〟を出していた。にも関わらず、この多さであった。こうしたことからも農民たちが当時如何に疲弊困憊《ひへいこんぱい》していたかがよく分かるのだ。老爺はここでは、吉宗の享保の改革についてもうこれ以上の話はいたしません。今も示した一揆発生件数を皆さんがお知りいただいただけで、彼の主導した改革の是非、特に農民に対する改革の是非が皆さんにもお解りいただけましょう。

そもそも、物事の改革や改善を進め、そして成功させるには、現状の物事が抱えている問題点を洗い出すことがまず必要である。次いで洗い出した問題点ごとに、軽い、重いをよく見極め、その上で改善や改革の計画立案、そして実施へと向かわねばなりません。当然のこと、計画を実行に移す前に、関係者や当事者（吉宗の場合には農民）に計画について周知徹底しておくことの大切さは言うまでもありません。享保の改革はこれらの点がおろそかにされた。改革は、武士の時代であっても、一般に民人、特に経済体制を支えている農民たちに納得してもらい、支持を得る、そして協力を得なくてはならなかった。封建制度のことであったとしても、享保の改革ではこうした肝心な点に心を用いられていなかったと、老爺は言わざるをえません。

人を大切だと思うのであれば、特に弱い立場に捨ておかれていた農民たちに犠牲を強いることは極力少なくするように努めねばなりません。すなはち、彼らに対しては最小限の犠牲で改革や改善を進めなくてはなりません。したがって、すでに疲弊困憊している農民たちに一段の犠牲を強いりながらの改革や改善は望ましいことではない、なかったと、老爺は指摘せざるをえません。老爺が見るに、享保の改革では改革のしわ寄せの行く先、農民たちを慮ることが疎《おろそ》かにされていたことに尽きる。

○　焦《じ》れてしまった吉宗

　話は相前後するが、天下人病患者、吉宗の横着の虫、いわゆる天下人横着が目覚めてしまった。彼は自分とは異質、文治派だと言ってよい尾張徳川家の宗春と尾張藩の動向が気になりだした。彼は自分よりも一回り近く若い宗春、そんな彼の今後の活動、活躍を思い描いたに違いありません。彼の尾張藩藩主としての見事な登場に始まる、尾張藩藩主としての鮮やかな行政手腕、加えてその存在そのものが目障りになってきた。そこで、彼は自分の改革の進捗状況や是非は棚に上げて、宗春の政の枝葉末節を咎め立てて隠居、蟄居《ちっきょ》させてしまった。徳川幕府始まって以来の、御三家の当主に対する隠居、蟄居処分でした。1732年（享保十七）のことでした。

　ついでに、宗春の隠居、蟄居事件に際しても、尾張藩の付け家老たちは、大御所から託された第一の役務、藩のために働くことは忘れていたが、第二の役務、幕府のために働くことは忘れていなかったようだ。陰に回って尾張徳川家の情報を幕府に流し続けていた。藩主、宗春の一挙手一投足が筒抜けであった。名古屋ではこのような有り様は今に語り伝えられている。このあたりの事々も話としては面白いと思っているので、時を改めて話してみたいと、老爺は構想を練《ね》っている。

ついでに、隠居させられた宗春の後を継いで、尾張徳川家の八代当主となったのは尾張版御三家の一つの家、川田久保家中興の祖、友著《ともあき》の子の宗勝でした。この折の決着こそは尾張版御三家が本家の危急に際して機能できた最初の事例である。分家設置が尾張徳川家の存続において役に立ったことを尾張版御三家の創設者である光友も天から見ており、おおいに満足したことでありましょう。

○　死者、宗春に鞭《むち》打った家重

江戸の宗家当主が御三家筆頭家の当主、宗春に科した処罰はこれだけではなかった。吉宗より一回り近く若かった彼は、不自由な蟄居生活を強いられながらも、吉宗の死後、十三年余り生き長らえた。この彼が名古屋城下の蟄居先で没したことを知るや、吉宗の息子、家重は故人となった宗春に対して罰を追加発令した。その内容であるが、徳川宗家がこれまでに大名に対してはおろか、他の大名家においても前例のない罰であった。家重は、「宗春の墓石を鉄の網で包め！」と命じ、死者に鞭《むち》打ったのだ。この命令には泉下の宗春も苦笑いするしかなかったことでしょう。

家重という人物の程度、ひいては、その取り巻き、閣僚たちの程度までが伺い知れる、尾張徳川家前当主に対する重ねての仕置きでした。事実、家重は生来病弱で、神経をも病んでいた伝えられている人物である。この世にも珍妙な仕置き、鉄の網で包まれた故宗春の墓標はこの後、四代に及ぶ吉宗系将軍たちの治世中、捨て置かれた。この期間は、皮肉にも、吉宗系宗家が尾張徳川家と尾張藩をとことん軽視し、軽蔑《けいべつ》し続けていた期間とほぼ重なっている。偶然の一致と言うには無理がある事態であった。すでに話したように、宗家と幕府は尾張徳川家と尾張藩に対して無理強いをし続けていたのだ。

宗春没後、八十年ほど経った幕末期の天保十年（１８３９）に至って事が動いた。徳川幕府がようやく赦しを出した。故人の墓石を覆っていた鉄の網が外された。なお参考までに、この捨て置かれていた時期は、今も話したように、尾張徳川家で押しつけ養子たちが勝手し放題をし続けていた時期にほぼ相当する。なお、鉄の網が外された経緯についてはこの後で推論を話すことにしている。彼ら押しつけ養子たちには、予想されたことでしたが、この間、養子先の尾張徳川家に敬意を払い、養子先の汚点を濯ぐ、正すなどといった気持ちや行動は全く見せなかった。

○　故宗春の赦免

徳川幕府による故宗春赦免《しゃめん》事件について、老爺は推測を交えながら、少し話してみたい。まずは、この折の徳川幕府の状況、状態である。幕府から故宗春赦免（金網の撤去命令）の出た二年前、天保八年（一八三七）には大阪では大塩平八郎が、そして越後の柏崎では生田万《よろず》が乱を起こしていた。これまで自信過剰であり、思い上がっていた幕府とその執政者たちには、これらの事件は寝耳の水、青天の霹靂《へきれき》の大騒ぎでした。そしてその騒ぎはまだ冷めやってはいなかった。幕府だけでなく、世間、庶民たちも驚き、言いようのない、一抹の不安を感じていた時期に突然、事は動いた。

衰退という坂道を転げ始めていた徳川幕府とその為政者たちは、なけなしの力、最後の力をふりしぼって新たな挑戦に賭けようとしていた。すなはち、老中水野忠邦が先導することになる改革、いわゆる天保の改革（徳川幕府最後の改革）を始動させる直前であった。幕閣の動揺と不安は止むことなく、閣僚たちは必死になって幕府の新しい方向や在り方を模索していた最中の出来事でした。こうした状況の中で故宗春の墓石を包んでいた金網を撤去してよいとの通達が出されたのだ。これを尾張藩側に立って代弁すれば、「何を今更。」と言った感のあった故宗春の赦免でした。なお、この時期は徳川宗家による尾張徳川家への押しつけ養子、慶蔵十三代当主による治世時代であって、次ぎもまた養子探しかと陰で噂されるようになった頃の出来事であった。

老爺が察するに、閣僚の中にも、徳川宗家と尾張徳川家の間に大きな行き違いができ、そのままの状況が延々と続いていたことにやっと気づいた者がいたようだ。その彼がある日の閣議において雄弁をふるった。「徳川家親戚筋中、最大の力を保持している尾張藩には是が非でも、宗家の下に参集してもらわねばなりません。」、「尾張徳川家には大御所の申し置きにあるように、御三家筆頭として幕府のためにおおいに働いてもらわねばなりません。」、「宗家と尾張徳川家の行き違いを改めねばなりません。」、「尋常でない西国雄藩の動きに対して尾張藩には大御所の申しおき通りに西の要として備え、そして働いてもらわねばなりません。」などとの考えを披瀝、具申した。

こんな彼の徳川幕府を思っての具申がようやく幕府のお歴々諸侯の心にも届き、認められた結果こそが、〝故宗春の墓石の金網撤去〟であったなどと、老爺は思いを馳せている。なお、この見解は老爺の想像の域を出ていないものであり、この赦免の真の理由についてはまだ充分に調べ尽くしていないことをここに言い添え、皆さんにはご斟酌いただくようお願いいたします。

封建制度の下、徳川宗家、御三卿の家々、加えて閣僚たちは、尾張徳川家と尾張藩に対して長年に渡って信義にもとる無礼と非礼を延々と働いてきた。事実、彼らは尾張徳川家と尾張藩に対し、軽蔑、嘲には無視し続け、陰で嘲笑するといった、非常識な理不尽を長々と行っていたのは事実であった。対する尾張藩と家臣たちはただ耐えてていた。こんな中での故宗春の赦免こそは、衰退を自覚せざるをえなくなった江戸幕府の真の姿、弱気、泣き言の発露であったと言ってもよいだろう。

本件について尾張側に立ってその思いを述べれば、やっと一条の光が差し込んだという状況であったでしょうか。宗春の墓石の金網撤去こそは尾張徳川家への、徳川宗家と徳川幕府の積年の不義理、不調法に対する詫びの表れであったと、老爺は思い、そして理解してみたい。同時に、封建制度の下で権力を持った側の傲慢さや身勝手さを改めて思い知らされ、失笑してもいる。加えて、こんな理不尽な時代に生きていなかったことに安堵し、心から感謝してもいる。

○　吉宗血筋の将軍たち

老爺の話はまだ寄り道を続ける。特に徳川九代将軍、家重の没後以降、吉宗血脈の将軍たちを先頭に、御三卿の家々、閣僚たちの総てが尾張徳川家を御三家筆頭の家として敬い、信頼を寄せることはなかった。大御所が恐れていた西国における謀反時での尾張藩、そして尾張徳川家の役割を思い起こし、気遣った者は誰一人としていなかった。むしろ、彼らは揃って事あるごとに尾張藩に対して難癖《なんくせ》をつき付けていた。そして尾張藩の狼狽《うろた》えぶりをみて、卑しくほくそ笑んでいたと話すのが、最も的を射た吉宗系徳川宗家、御三卿の家々、そして閣僚たちの有り様であったと、老爺は話を重ねる。

吉宗治世以降、尾張徳川家は今も話したように、世間一般に認識されていた御三家筆頭という家の格式や尊敬とはほど遠い処遇の下に長期に渡って捨て置かれ、嘲《あざけ》られていた。本来であれば、宗家に対し、「筋を通してくれるように！」、「分家の人材にも目を向けていただきたい。」などと先頭に立って陳情しなければならない藩主が四代にわたって吉宗血統の者であった。尾張藩はこんな状況にあったので、下世話な言い方をすれば、〝お手上げ〟の状態にあった。しかも、この状況が長々と続いたのだ。

さらに老爺が付け加えて話すとすれば、御三家筆頭の家において、このような無体な状態が続いた理由の一つとして、大御所が尾張徳川家にも配置した付け家老たちにも、責と務めがあったと老爺は見ている。しかし、幕府も認めていた使命（幕府公認の密偵）を有していた彼らは併せて、世が徳川で定まった時点から長い時が経った、江戸時代の半ばにあっても、陪臣はいやだ、宗家の直臣になりたいという妄想を執拗《しつよう》に抱き続けていたと推察される。「これは実に驚くべき妄念であり、執念である。」と、老爺はただただあきれるしかありません。

　尾張徳川家の付け家老たちもまた、事実上の上司である尾張徳川家当主に対して不実であったことを侘びることは一度もなかった。当然のこと、悔いもしなかったし、改めもしなかった。このような彼らの有り様を老爺は知ってしまったのである。「人、特に権力に感心をもった人は傲慢《ごうまん》になりがちであり、かつ狡猾《こうかつ》になる。」、「人とは珍妙な生き物であって、奇態千万な生き物である。」、「教育も人に対しては万能ではなく、非力で頼りないことが多々あるのか？」などと、改めて呻《うめ》き、口吟《くぎん》している老爺がここにいる。

第三話　徳川　慶勝

老爺の話の時代と舞台はここでまた変わる。第三話の時代は第二話の時代から少し時代が降った十九世紀初めの頃、具体的には、文化・文政期である。また、舞台は尾張徳川家の分家、美濃の国、高須の松平家へと、そして、その後は同家の本家である尾張徳川家へと移る。

○　高須松平家の兄弟

美濃の国、高須松平家（尾張徳川家の分家の一つ、善行を家祖とする家）には久しぶりの春が巡ってきていた。江戸時代、文化・文政期、高須松平家の当主は義建《よしたつ》でした。彼は常陸の国、水戸徳川家の当主、斉昭《なりあき》の姉、規《のり》姫を娶《めと》っていた。義建は正妻や側室たちとの間に十人もの男の子に恵まれた至福者でした。彼ら夫婦などの男の子たちは、この時代にあっては普通の生存率以上だと言ってもよい、六人が順調に育ち、それぞれの将来を考えなくてはならい時期を迎えていた。彼らはそろって出来が良く、しかも大変仲の良い兄弟でした。このような微笑ましい兄弟たちのことは大名諸家の間に知れ渡り、えらく評判となっていた。

高須松平家の兄弟たちの出来の良さ、そして仲の良さは、彼らの父母、義建と規の子育ての巧みさにあったと老爺は拝察している。特に、正室の規であるが、彼女の子供たちに対する姿勢は特別でした。彼女は側室の子たちも手元に引き取り、実の子と分け隔てなく育てていた。彼女は小大名の側室が子を立派に育てることが如何に難しく、大変なことなのかがよく解っていた。彼女は並みのお姫様上がりの奥方ではなく、大変に賢明な妻であり、よくできた母でもあったのだ。高須家の出来た男の子たちにはこんな母親が控えていたのである。

尾張徳川家の分家、美濃高須松平家の兄弟たちのうち、疾風怒濤の幕末期と、波瀾万丈の明治冒頭期を甲斐甲斐しくくぐり抜け、明治の世まで生き長らえることができた男子は五人でした。この五人とは、次男の慶勝《よしかつ》（元の名は慶恕《よしくみ》）、五男の茂栄《もちはる》（時に茂徳《もちなが》を名のる）、六男の容保《かたもり》、八男の定敬《さだあき》、そして十男の義勇《よしたけ》のことである。

老爺の以下の話においては、徳川一族中の有力大名家に婿や養子として入り、激動の幕末期と明治初期を戦い、生き抜いた四人の兄弟にしぼって話を進めてゆくことにする。すなはち、慶勝を中心に据え、彼と関わりの深く、長く関わった三人の弟、茂徳、容保、定敬に限って話を進めてゆく。なお参考までに、高須家十男の義勇であるが、彼は最終的には実家、高須松平家を継いでいる。また、彼ら五人の兄弟に加え、幼少期を生き抜いて元服を迎えることのできたもう一人、三男の武威《たけしげ》がいた。彼もその才知そして将来性を高く見込まれ、石見の国、浜田の越智松平家（徳川宗家の三河統治時代にさかのぼる遠戚）に養子入りした。しかし彼は、不運にも、養子入り直後に頓死してしまった。

高須兄弟はいずれも、幼少期から「賢いお子たちだ。」、「優秀なお子たちだ。」などと評判がたっていた。こうしたことの裏には、今も話した高須家当代夫婦による熱心な子育てと教育があったことは重ねて言うまでもないであろう。事実、彼ら兄弟は皆、生家、高須家の禄高や家格と比べれば、高禄であり、家格も高い大名家に請われて養子入り、あるいは婿入りしていった。そして家柄、幕府内での地位や役職などを手にいれていった。同時に、改めて言うまでもありませんが、彼らはそれぞれの家に特有の責務をも背負い込んだのであった。

高須家兄弟たちの誕生とほぼ同じ頃、彼らの母親、規の実家、水戸徳川家の時の当主、斉昭（規の兄）には八男が誕生していた。この男の子が後に十五代将軍となる慶喜である。彼も幼少時より、優れた才知を高く評価されており、御三卿の一つ、一橋家へ請われて養子入りした。その後、彼はさらには、徳川宗家へ養子入りをも果たした。よって、彼と高須家兄弟たちとは従兄弟《いとこ》の関係にあった。この後、彼の将軍就任の影響を受け、彼ら高須兄弟も幕末の動乱という大渦に巻き込まれていった。

○ 慶勝の人となり

老爺はこの第三話が本話の核心部分だと位置づけている。ここではまず、尾張徳川家の分家、美濃の国、高須松平家の次男、慶勝について話を進めてゆく。彼は元服後、慶恕《よしくみ》と名のっていたが、後述する安政の大獄における受難から解き放たれてしばらく経った、この年の秋に自ら名前を変えた。この改名については後ほど、老爺は改めて話すことにしている。

まずは、慶勝、彼の足跡と功績について、順を追って話してゆく。なお、老爺は、このくだりは今も話したように、彼をこの物語全体の主役だと位置づけており、十分に頁をとって話してゆく予定である。加えて、彼とは母方の従兄弟の関係にあった、水戸徳川家出身の十五代将軍の徳川慶喜との関わりについてもこの第三話の中で話すことにしている。さらには、彼と深い関わりのあった人々、例えば、井伊直弼《なおすけ》、西郷隆盛などについても同様に、頁をさいて話すつもりである。

慶勝は文政六年（１８２３）、尾張徳川家の分家である高須松平家の義建《よしたつ》と規《のり》の間に次男として生まれた。彼の幼名は秀乃助と言った。彼は嫡男が若くして死去した後、生家、高須松平家を継ぐように仕向けられるようなことがなかった。その理由である。彼は生来の優れた素質に加え、幼時から進取の気性に溢れていた。しかも、常に前向きで元気な子であった。したがって、両親はもとより、周りの人々も彼の飛び抜けた資質と才知に早くから接し、非常に高く評価していた。彼の将来の活躍を期待していた。

彼がいずれ、より広い世界に飛び出してゆき、活躍するのは当然のことだと見ており、期待していたのだ。

事実、慶勝は生まれながらにして才気煥発であり、しかも学ぶことが大好きでした。彼は学びでも積極的であり、幼少より広範に学ぶように心がけていた。すなはち、広く、深く学ぶことを常に心がけて日々精進した。こうした学びによる成果であったと、老爺は理解しているのだが、彼は、〝何よりも、人を敬い、その命を尊重すること〟を意識するようになっていた。そしてこの言葉を次第に大切にし、生きるようになっていた。また、彼は皇室を崇敬するようにもなっていた。

慶勝は生まれながらにして、事に立ち向かってゆくやる気と勇気、すなはち覇気《はき》にもあふれていた。加えて胆力をも備えていた。分かり易く言い直せば、前向きで積極的であり、度胸があったのだ。なお、老爺はここで、今話した胆力について、ここであえて補足し、説明しておく。胆力という心の有り様の有無と強弱こそは、人が事を成し遂げ得るか、否かを決める大切な分岐点になると、老爺は自身の学びから、了解している。

老爺はここで皆さんに、徳川慶勝という人の人生を律し、導いていった大切な言葉についても紹介しておく。老爺がこれ以降、彼の話を進めてゆく上で皆さんにこの言葉を前もって知っておいていただきたいと願っているのだ。彼は学びを深め、高めてゆく中でこの言葉を自覚し、強く意識するようになった。さらには口をついて出るようにもなっていた。その言葉とは、〝何人であっても、その人格は敬うべきであり、その命は何にも勝る。〟であった。加えて、〝人は一人で生きる者でなく、互いに支え合って生きる者である。〟であった。この一連の言葉は何時からか、彼の箴言《しんげん》となっていた。すなはち、この戒《いまし》めの言葉が彼の人生を司り、導いていったと老爺は諒承《りょうしょう》している。

○　慶勝の尾張徳川家養子入り

優れている、優秀だと取りざたされていた高須家兄弟の中でも、慶勝は頭抜けた存在でした。彼は自ら磨いた才知に加え、生来の胆力も備えていたので、前途を大いに嘱望《しょくぼう》されていた。水戸の伯父、徳川斉昭もまた、彼の顔を見れば、「秀乃助、学びの方は進んでいるか。」「今、何を読んでいるのか。」「書の腕はあげたか。」などと声をかけ、何かと目にかけてくれた。鋭く、聡明であった伯父は、彼の幼い頃から、彼の中に何か光るものを感じ取っていたようである。これは英雄は英雄を知るとでも言えばよい、ほほえましい挿話である。その彼にもやっと、遅めの春が巡ってきた。高須松平家の本家、尾張徳川家への養子入りが決まったのである。

慶勝は尾張徳川家十三代当主、慶蔵《よしつぐ》の養子となった。時は弘化三年（１８４６）、彼、二十三才の時のことでした。なお、慶勝の尾張徳川家への養子入りは、尾張版御三家が久々に本来の役目を果たしたことでもあった。本家において世継ぎが不在という事態が起きたので、尾張版御三家生まれの彼が危急存亡の本家に養子入りすることになったからである。なお、参考までに、尾張版御三家からの尾張徳川家への養子入りは、彼が二度目の事例でした。最初の事例は、吉宗将軍によって強引に蟄居、引退させられた七代藩主、宗春の後を追って尾張版御三家の一つから養子入りし、八代藩主となった宗勝の養子入りである。

慶勝が尾張徳川家へ養子入りが決まった直後の母、規とのやり取りである。母は慶勝の尾張徳川家の養子入りを心から喜び、満面の笑顔でもって送り出してくれた。彼がこれまで悶々《もんもん》として時を過ごしていたのを距離を置いて優しく見守ってくれていた思慮深い母がこの時ばかりは違っていた。「やっと時が巡って来ましたね。」、「母も安堵いたしました。」、「ご本家のために一肌抜いであげなされ。」、「時代は動き出したようです。世のため、人のために尽くしてくだされ。」などと、彼にまっ先に声をかけ、心から祝福してくれたのでした。

母は慶勝の本家、尾張徳川家への養子入りを誰よりも喜んでくれ、そして祝福し、笑顔でもって送り出してくれた。彼には母親の喜びと励ましが他の何よりも嬉しく、ありがたかった。そして彼は長年にわたっての母の慈しみの数々を思い起こしていると、頭《こうべ》が自然に垂れたのでした。同時に、彼は「今後は年老いた母に心配をかけないように務めなくてはならない。」、「精一杯努めなくてはならない。」などと自問自答し、重ねて叩首《こうしゅ》したのでした。

○ 慶勝の家督相続

慶勝は養子入りから三年後、嘉永二年（１８４9）、二十六才になって尾張徳川家十四代の当主となった。なお、今回の尾張徳川家における継嗣募集においては吉宗血脈の宗家や御三卿の家々は沈黙したままであった。何処からも、養子を押しつけてはこなかった。これには訳があった。この頃、宗家を始め、御三卿の家々では自らの世継ぎにも事欠き、右往左往するような状況にあったのだ。何処も非常事態に陥っていた。したがって、以前のように養子を押しつけようにも、できなかったというのが実のところでした。

さて、慶勝であるが、彼は尾張徳川家への養子入りの時点では慶恕《よしくみ》と名乗っていた。彼はこの後も、桜田門外の変の起きた万延元年（１８６０）まではこの名前を名乗り続けた。ところが、彼はこの年の秋、突然、〝慶勝〟と自ら改名した。したがって、以下当分の間、彼の事績などを紹介する老爺の話では、〝慶恕〟として話してゆくのが本来であると、老爺も重々承知している。しかし、老爺はすでに、慶勝自らが強く望んで改名した名、〝慶勝〟でもって皆さんに話をしてきている。そこで、以降も同様にして話を進めてゆく。皆さんもこの点をご容赦いただいた上で老爺の話におつき合いください。また、当の本人も笑って、老爺のこのような思いと行動を赦してくれるものと信じている。なお、老爺は後ほど、彼の改名について改めて話すことにしているが、〝慶勝〟という名への変更には、彼の並々ならぬ思いや決意が込められていたのである。

○　慶勝による尾張藩の財政改革

　老爺は話を本筋にもどすことにする。尾張徳川家の十四代当主に収まった慶勝は、まっ先に押しつけ養子たちの放蕩《ほうとう》によって大きく傾いていた尾張藩の財政の改善、加えて、その他諸々の改善、改革に全身全霊で向き合った。宗家押しつけの放蕩養子たちの後始末に専念したのだ。彼は財政の改善においては、彼自身が最も深く関わりのある、〝奥向き経費〟の大幅な削減を率先して宣言し、実行することから始めた。老爺はこの件について今少し分かり易く補足説明しておく。慶勝はまず、尾張徳川家が普通に営んでいける奥向き経費額をはじき出した。続いて、彼は算出した結果について吟味した。そして日々の暮らし向きにおいて困らないと考えられる額を導き出し、この額を以後の奥向き経費として藩庁に請求した。彼が請求した金額は押しつけ養子たちが長い間浪費していた経費の、わずか百分の一であった。彼はこの額の提示でもって尾張藩の財政改善の第一歩としたのである。

　慶勝が藩庁に提示した削減率の大きさからも、長期間に及んだ、押しつけ養子たちの放蕩三昧による無駄遣いが如何に膨大なもの、高額になっていたかが、計算に疎《うと》い老爺にもよく窺《うかが》い知れた。今日であれば、当然のことかもしれないが、封建制度の時代には珍しく、彼、藩主自らがまず質素倹約の範をたれた。財政改革に真摯に取り組んだ。すなはち、彼は家臣たちの納得と賛同を得ることを第一にと心を配って臨んでいたのである。

慶勝は藩全体の財政改善、その他諸々の改善・改革や補充・補足など、広汎な改革や改善に熱心かつ精力的に立ち向かっていった。彼はこうした改革や改善においても、彼が信じるようになった信念、〝人は一人で生きる者でなく、互いに支え合ってゆく者である〟といった彼の箴言どおりに対処したのでした。このような彼には藩士たちも素直に従い、ついていった。

慶勝はこうした取り組みを積極的に推し進めてゆく一方で、彼は江戸在府の時には、自分磨きの一端であるととらえていた人的交流にも精を出していた。水戸藩主の徳川斉昭、福井藩主の松平慶永《よしなが》（号を春嶽《しゅんがく》、御三卿の田安家の出）、薩摩藩主の島津斉彬《なりあきら》、宇和島藩主の伊達宗城《むねなり》など、当時、開明派と目されていた大名諸侯と親しく交流を重ねていた。彼は彼らと親交を深めながら、様々な情報、知識を取り込み、学んでいったのだ。彼らは機能不全に陥っている徳川幕府の改革、欧米諸国と大きく遅れをとってしまっていた日本の国の現状と問題点などについて広く語らいあっていた。彼は当然のことであるが、これらの問題における改革、改善策なども模索、考究していた。順風満帆と言っても良い状況にあった彼を突然、災禍《さいか》が襲いかかった。

○　慶勝の受難

慶勝の受難は近江の国、彦根の藩主、井伊直弼の幕政への登場から始まったと言って差し支えないだろう。直弼は中央政界へ登場早々、幕府の取り決めにしたがって、大老（十五万石以上の譜代大名に対し、非常時に限って認められていた徳川幕府の最高役職）にも就任した。これは安政五年（１８５８）のことである。そして幕政を先導し始めた。彼、慶勝はこんな直弼が主導し始めた弾圧劇、いわゆる〝安政の大獄〟の見せしめの一人にされてしまった。

この時、慶勝は尾張徳川家の当主として、加えて藩主としてすでに十年ほどの経験を積んでいた。甫閣を初め、大名諸侯の間でも彼の優れた資質と能力、さらには人柄が次第に認められ、「考えられる事話される事にそつがない。」、「理にかなっており、尾張様は世の中をよく見ておられる。」、「徳川幕府のために力をお借りしなくてはならない。」などと、一目置かれる存在となっていた。彼の日々は順風そのものであった。

こんな慶勝が突然の災禍に襲われた。後の歴史家が〝安政の大獄〟と呼ぶようになった災禍の被害者の一人となったのだ。まずはその災禍の顛末《てんまつ》である。彼は水戸の徳川斉昭、越前の松平慶永などの徳川親族中の有力大名たちと示し合わせて強行登城した。そして、大老になって独断専横が目立つようになっていた井伊直弼に対し、その独断や暴走などについて彼らはさまざまに詰問し、諫言もした。これに対する直弼の返答が、横着なことに、いきなりの強権発動であった。

直弼は慶勝や斉昭などの集団での強行登城と大老に対する詰問、諫言を逆に罰したのだ。その処罰の内容である。慶勝には隠居（藩主引退）、蟄居を命じた。この時、彼はまだ三十五才でした。直弼は同時に、一橋慶喜には隠居、謹慎を命じた。水戸の徳川斉昭副将軍には永蟄居、御家門の福井藩の松平慶永（御三卿の田安家出身）には隠居、蟄居の処罰を下した。直弼は日頃、口うるさく、小賢しいと思っていた面々を問答無用に罰したのである。

直弼の唐突な処罰である。彼の仕打ちは彼ら被害者たちにとっては傲慢やる方ない、横着な振る舞い、仕置きでしかなかった。歴史家はこの事件を直弼による一橋派の排除だと説いている。彼らが奇《く》しくも、十四代将軍に一橋慶喜を推挙しようとしていたからである。なお、直弼は紀伊徳川家の慶福《よしとみ》（後の十四代将軍の家茂《いえもち》）を担いでいた南紀派の頭目であった。参考までに、この南紀派には大奥も、吉宗養子入りの折のように後押ししていたとされる。

慶勝を始めとする諸侯の安政の大獄における被災は、青天の霹靂《へきれき》とも言うべき、唐突な出来事でした。したがって、如何なる才知をもってしても、これを避けることは難しかった。直弼は常人、尋常な人であれば、行わないような異常な仕返しを徳川一門のお歴々に対して行ったのだ。罰せられた大名諸侯は本来、徳川幕府がいざという折にはまっ先に、頼り、知恵や力を借りねばならない面々であった。直弼は、江戸幕府を牛耳ってきた譜代大名たち以上に傲慢であり、かつ不遜な振る舞いでもって彼らに応じたのでした。老爺が見立てるに、彼は〝天下人病〟に罹っていたのだ。なお、水戸の徳川斉昭（謚号《し》（おくりなのこと）：烈公《れっこう》、号：景山）はこの理不尽な懲罰に悲憤慷慨《こうがい》した末、半年後に悶死《もんし》してしまった。

◎　井伊直弼

○　直弼の暴挙、暴走

井伊直弼に本件について説明を求めることができたとすれば、「大老職には特別権限が与えられている。」、「私はそれを行使したまでよ。」などと、彼は横柄に答えたに違いありません。彼はこの時、かの吉宗や大御所がそうであったように天下人病に罹っており、幕府なんぞは己だけで動かしてゆける、切り回してゆけるなどと思い上がっていたとしか考えられません。彼は高慢になっていたと言って間違いない。

老爺がみるに、徳川幕府の政は閣僚たちによる合議制を採用していた。すなはち閣僚たちが議論しあいながら、議論の成果を積み上げて結果を出し、結果について将軍の裁可を得た上で実行に移していた。案件によっては天皇の裁可も仰《あお》ぐこともあった。直弼は徳川幕府の政のこうした原点を忘れてしまっていた。加えて、彼は幕府自体がこの時期には、徳川家宗族が共同して事に当たるように変わりつつあることも無視した。かっては、大御所によって政を任されていた譜代大名と直参旗本だけからなる閣僚集団が政が徐々に変ってきていたことをも無視したのである。

老爺は、直弼の独走に関して一言話しておかなくてはならない。そもそも、人は長い目で見れば、文字通り、互いに寄り添い、助け合って暮らしている、けなげな生き物なのだ。たとえ、一人で突っ走ったとしても、これには限りがある、無理があるのだ。よって、一人で長きに渡って事をなすことは本来できない、行ってはいけないのだ。学びを極めた者であれば、このようなことは決してやらないのだ。無理をしてやる者は横着であり、早晩、頓挫、失敗することを歴史を学べば分かることである。かの天才、織田信長であっても他人の話を聞く耳をもっていたので、有能な人材が次々集ってきた。

直弼の横着な振る舞いは、徳川幕府が最も頼るべき身内、御三家、御三卿、御家門などの諸侯からの忠言、忠告に対して聞く耳をもたなかっただけではなかった。彼は大老という役職を笠にし、この後で話すが、処々方々で厳しい仕置きを独善的に行っていたのだ。このような成り行きから、彼もまた、低禄に喘ぎ、ぼやき続けていた譜代大名たちと同じ穴の狢《むじな》であり、徳川家一門諸氏、ひいては自分が拠り所にしている徳川幕府に対して尊敬や敬愛の思いを全くもっていなかったことを白日の下にさらしたのである。彼はその上、自身の行為に対して何の反省も後悔もしていなかったと老爺は彼を見、そして厳しく諫《いさ》めねばなりません。

封建制度下の事柄であっても、直弼のように、最高権力者が聞く耳を持たない、説明をしないなどの、不遜《ふそん》な振る舞いを日常的に行えば、民はもちろんのこと、同僚や臣下であっても立つ瀬がありません。こんな有り様では政は成り行きません。なお、老爺のこうした思いは封建時代のことだけに留めたくはありません。これは今日にも通じる大事な原則、鉄則なのだ。言葉を重ねますが、直弼という男は度量が狭く、頑固頑迷であったとしか、老爺は評しようがありません。どんな教育を受けると、こんな人が育つのかと、改めて、思案投げ首状態の老爺である。

直弼の暴挙、暴走は上記した大名諸侯に対する隠居・蟄居を含む弾圧にまつわる事々だけに留まらなかった。彼は日米修好条約の締結、十四代将軍の家茂《いえもち》（旧名、慶福《よしとみ》）選任などの重要案件の決定についても独断的であった。本来であれば、条約の締結や次期将軍の選任などの重要案件は、先程も話したように、徳川幕府開設時から朝廷と特別の取り決めをしており、これを尊重し、履行しなくてはならなかった。すなはち、重要案件は、慣例的なものではあったが、朝廷の勅許を得たうえで決裁、発令するのが習わしとなっていた。しかし、彼はこうした手続きさえも無視し、猪突《ちょとつ》猛進したのである。例えば、今日の日本にあっても、内閣総理大臣が手続きを無視して暴走したら、人々は付いてゆくでしょうか。改めて答えるまでもありません。

老爺の話はまたくどくなりますが、直弼は安政の大獄事件において尊皇攘夷派と目された多くの前途ある若者の命を容赦なく奪った。彼は、老爺が言葉を強くして言えば、幕府の約束事や慣例を無視し、独断専行、暴虐の限りを尽くした。これらの点はまぎれもない事実である。彼のひとりよがりの裁断と行動によって大切な人命が数多く失われた。主な犠牲者を羅列すると、水戸藩の家老の安嶋帯刀には切腹、同藩士の鵜飼幸吉には獄門、同藩士の芽根伊予之助には死罪、長州藩の藩士の吉田松陰には死罪、福井藩の藩士の橋本左内には死罪、儒学者の頼三樹三郎には死罪などとなる。

老爺はあえて言わざるをえません。日々政治を司る者、為政者は何時の時代であっても、たとえ封建制度の時代であっても、人々と彼らの命を思いやらなくてはなりません。そして彼らの思いや意見をよく聞かねばなりません。これらは為政者の鉄則である。さらには、人々を慈しまねばなりません。当然のこと、上に立つ者は独断専行を厳に慎まなくてはなりません。直弼のやり様は、封建制度の時代のことであったとしても、また武士の長の代表者であったとすれば、論外のことであったと老爺は重ねて断じておく。

〇　直弼とは

ここで、直弼が強引で横着な行動をとった背景について彼の来歴や事績などから老爺なりに推しはかってみたい。彼には多くの兄たちがおり、先がつかえた部屋住みの身であった。事実、彼は自分の住まいを〝埋れ木の舎〟と呼ばせていた。よって、彼が思いついたこと、好きなことなどに現《うつつ》を抜かしていても、誰も咎《とが》める者はいなかった。そして赦《ゆる》されてしまうという野放図な環境下に育ったと、老爺は推察するのである。こんな彼に、兄たちの立て続けの死によって思いがけない井伊家当主の座が転がり込んできた。彼もまた、すでに話した八代将軍の吉宗や尾張徳川家の宗春とよく似た経歴と経過をたどっている。

気遣い、気配りとは無縁の自然児のままに三十半ばになっていた直弼は、予想すらしていなかった大藩の藩主となった。彼は大藩の藩政を取り仕切り始めただけでなく、ほどなくして、国政に参画するようにもなった。そして江戸幕府の政の頂点、大老職にまで駆け上がった。大老となって遠慮する者がいなくなったことや、忠告をしてくれる者を周囲に置かなかったことなどが、彼を一層増長させてしまったに違いありません。

老爺が前に話した尾張徳川家の宗春のように、直弼には心の整理をし、思いを新たにして政に臨《のぞ》むなどの謙虚さはなかった。具体的に言えば、学びが浅い直弼という御仁は、治世者としての心構えを書にまとめ、決意を固めるなどといった、虚心坦懐《きょしんたんかい》な心構えをすることとは無縁の人物であった。彼は真摯さとはかけ離れた人物であった。したがって、彼は権力のもつ魅力に取り付かれ、我を忘れてしまった。そして晩年の大御所や吉宗のように行きつく所まで行ってしまったと、老爺は断じるのだ。

直弼は一説によると、長野主膳《しゅぜん》という野心家の国学者にいいようにあやつられていたなどと彼を弁護し、擁護する声を老爺も聞かないでもありません。しかし、彼が中央政界に登場してからの一連の行動を冷静に辿《たど》り直してみれば、自《おの》ずと分かるように、その所業、振る舞いは、並以上の教育を受けた、四十半ばになろうとする男のあり方とはほど遠いものであったと、老爺は改めて指摘するしかありません。

○ 直弼のもう一つの顔

さらに付け加えれば、こんな直弼は茶人としてもひとかどの人物であったと評価されていると言うのだ。茶人として名をなした人物が、人とその命を軽んじ、おろそかにした、人の言葉に耳を貸さなかった、事を行うに際して独断的であった等々。彼は眉をひそめ、顔を背けたくなるような諸々の行為や行動を次々に行った。こんな彼と、それなりの茶人として評価されていたという点とが、老爺の頭の中でうまく関連つけられなくて悩んでいる。大変に戸惑っている。

老爺の知る茶道では、茶室の躙《にじ》り口をくぐって座敷に入れば、そこは最早、武士でも、町人でもない、公平で平等な場であり、その場は平等であり、臨席している者全てにとって、心穏やかで忌憚《きたん》のない静謐《せいひつ》な空間である。今日の日本の理想的な日々を先取りしたような世界が茶室の狭い空間なのである。茶室に対するこのような理解と認識は茶道の流派を問わず、共通した約束事であり、茶道では当たり前のこと、常識だとされている。直弼はこうした理想郷とでも言ってよい、空間で茶を喫し、茶仲間たちと平等で、穏やかな時に慣れ親しんでいたはずである。そして道、茶道を極め、名まで成したと言う。ひとかどの茶人であれば当然のこと、行なうはずのない愚行の数々を彼は続け、重ねた。老爺は、正直なところ、こんな彼の評価に困惑している。

苦労や挫折を知らず、自由気ままな前半生を過ごした直弼の中に、心穏やかな茶道に埋没した彼、安政の大獄において冷徹で強引な裁断を下した彼、加えて諸々の悪行を重ねた彼などが混在していたと、老爺は強引にまとめてみようとした。しかし、彼は老爺が身につけた知識や常識の範疇をはるかに越えてしまっている。また、こうした知識や常識を苦労して積み上げて修得できる〝知恵〟とも全く合致しないのである。老爺はまさしくお手上げ状態、彼という人物が分かりません。

老爺は、このように考え、悩んでいる一方で、人の本性は臆病《おくびょう》、かつ狡猾《こうかつ》であるので、並みの教育では円満で、闊達な人、真の人間は育てられないのではないかと、悲観的な思いに陥ってもいる。そして学びの実施と学びの貫徹、すなはち、真の人育て、人間育ての難しさを改めて実感し、ここでも自問自答して悩んでいる次第である。学び、すなはち教育の力は非力なのであろうか？　真の教育とはどのようなものであろうか？

○　蟄居、謹慎中の慶勝

対するは蟄居、謹慎を申し渡された慶勝である。彼は美濃の国、高須、松平家にいた時から、周りの者たちから本家が宗家から受けているの諸々の仕打ちについてたびたび聞かされてきた。彼らが語った言葉通りに、御三家の筆頭という尾張徳川家の権威や格式も落ちるところまで落ちていたことを、自らの身をもっても思い知ることにもなった。加えて、最近も、尾張徳川家と尾張藩は直弼を始めとする徳川幕府の閣僚たちから、いたく見くびられ、軽んじられてたことを彼は実体験し、改めて認識したばかりである。

その上、これこそは幕府方の見くびりの極めつけという事態までが、直弼の命じた処罰には随伴していた。慶勝に処罰を告げるために幕府から尾張藩（江戸藩邸）に派遣された正使が会津松平家の当主となっていた実の弟、容保であった。直弼を始めとする閣僚たちは一回り近く年の違う、若い弟の前に、太守を跪《ひざまづ》かせ、ひれ伏せさせたのだ。そして幕閣の御歴々はこの有り様をほくそ笑み、楽しんでいたに違いないのだ。徳川幕府の相も変わらない、傲慢きわまりないやりようである。

徳川幕府はこのことに加えて、この折、空席となった尾張藩の藩主の座についても、当然のことのように、嘴《くちばし》を入れてきた。後継者を指名し、押しつけてきたのである。その後継者は当時、彼ら高須兄弟の実家、美濃高須松平家を継いでいた弟の茂徳であった。後継者決定においても、幕府の閣僚たちは度重なった養子押し付け、押しつけ用の養子切れ（いわゆる、玉切れ）などはおくびにも出さなかったのは当然のことでした。この件でも、尾張徳川家の意向を斟酌したり、尋ねるなどのこともなかった。

ただ、「後継者は弟の茂徳にしてやるので、ありがたく思え。」と言わんばかりに、恩着せがましく指図してきた。

慶勝は直弼によって逼塞《ひっそく》させられると、日本に伝来して間もなかった写真鏡《きょう》（以下では写真機とする）に関心を示した。彼は早速、写真の装置一式を手に入れ、写真の撮影に加え、撮った写真の現像にと写真術の修得に熱中していった。彼はただ写真を撮って楽しむだけではなく、撮った写真の現像にも挑戦した。彼は試行錯誤を重ねながら、程なくして熟練の域に到達した。憂さ晴らしにおいても、彼は熱心、かつ真剣であった。何事においても熱心であり、真剣であったのが、彼の身上でした。この点も彼を語る時に忘れてはならない特質の一つである。

老爺はここで皆さんに話しておかなくてはならないことがある。三十代半ばと元気盛りであった慶勝は、写真にうつつを抜かしているだけではなかった。彼は写真で憂さを晴らしていた陰で、さらに学びを深めるとともに、知識を深め、情報を集め、そして貯め込んでいた。分かり易く話せば、彼は試練の時にあっても、学びを怠らず知恵をつけていたのだ。大老、井伊直弼の強引極まりない政が早晩、行き詰まることを彼は見通していたのだ。彼は見えないところで学びを深め、努め、そして励んでいた。彼のこのような点は並みの殿様たちとは違っていた。彼は逆風の中、雌伏の時にあっても、将来を見据えて備えていたのである。

老爺は道草話ついでに、慶勝の写真に関する今一つの挿話を披露しておこう。この話は彼の逼塞《ひっそく》解放から三年余り後、元治元年（１８６４）の第一次長州征討の折のことである。彼は長州征討軍の総督として長門の国に向けて討伐軍団を率い、進軍していた。彼はこの陣中にも写真機と現像装置を持参していて、道々、写真を撮って現像していた。彼はこの暢気そうに見える行動の裏ではしっかりと仕事していた。長州との戦いの早期終結と落し所をぬかりなく模索していたのだ。しかし、残念なことであるが、彼のこうした気遣いや行動は世間に正しく伝えられていません。この話は後ほど改めて詳しく話そうと思っている。なお、彼にはこの時以来、〝写真（鏡）の殿様〟とのあだ名を頂戴した。また、写真は彼の生涯の趣味、楽しみとなったのである。

○　慶勝の復活、そして活躍開始

老爺の話はまた長い寄り道をしてしまったが、ここらで話の本筋にもどそう。井伊直弼が後世の歴史家が〝安政の大獄〟と呼ぶ弾圧を始めてから、二年近くの時が過ぎようとしていた。事件は万延元年（１８６０）の早春、雪の日の朝に勃発した。大老、井伊は登城の途上、江戸城桜田門において水戸藩などの脱藩浪士たちの集団に襲われ、暗殺されてしまった。彼は皮肉なことに、多くの人の命を奪ったことや独断専行して人々を悩ませ、苦しめたことの代償を自らの命で償ったことになった。この事態は、老爺に言わせれば、仏教で説かれてきた、〝因果応報〟とでも言うべき仕儀であっただろうか。

桜田門外の事件により、慶勝は事実上、謹慎状態から解き放たれた。なお、幕府から正式の赦免状が彼に届けられたのは翌春、四月になってのことでした。一年以上の遅滞ぶりからも分かるように、幕府政庁のうろたえぶり、不能さは最早、誰の目にも明らかでした。彼は何時しか、こうした事の成り行きを冷静に見届けるようになっており、記憶に留め置くようになっていた。本件も当然のこと、彼は記憶に留め置いた。自分が経験した事柄を以後の自分の決断や行動の際に参考として役立てるためであった。彼は経験や体験をおろそかにしないで、次に活かすことが習慣となっていた。これも彼という人間の成長過程の一つであると言ってよいだろう。

○　慶勝の藩政奪還と掌握

老爺はここらで、慶勝の人生を語る時、彼の生涯における大きな分岐点となったと考えてよい大切な話をしておく。それは彼が事実上復権を果たした後のことでした。尾張藩と尾張徳川家の前に横たわっていた難問題を解決し、迫り来つつあった危難、大難に対し、前もって備えることができた、彼の数々の偉業達成の原点となったという話である。彼の生涯における大胆な諸活動を回顧し、追考する上で忘れてはならない大きな節目の出来事を紹介しておく。

慶勝はまず、七才年下の弟、茂徳、時の尾張徳川家十五代当主と膝をつき合わせて話し合った。何日もかけた長い話し合いの結果、彼は茂徳に尾張藩藩主を譲位することを認めさせた。同時に、彼は自分の幼い息子、義宣《よしのり》を新当主に据えることを認めさせた。加えて彼自身が息子の後見役となって復権することをも認めさせた。彼はこの時代の殿様には珍しく、相手を敬い、話し合いで事を決めることが当たり前のこととして身に付いていた。このために、兄と弟の間柄であったが、話し合いのために十分な時間を取って相手に理解させ、納得させたのである。

弟、茂徳も他の弟たちと同様に、学びを積み上げ、博学、博識の域に達していたが、生来、小心であり、人が良すぎたので、何事においても動じやすく、定まることが少なかった。事に際して決然として当たる力、いわゆる、胆力に乏しかった。兄、慶勝はこうした弟が藩主として舵を取る尾張藩の行く末に危うさを見て取っていたのだ。よって、この藩主交代こそは、兄の思い切った判断であり、賢明で適切な所業であったと老爺は推察し、皆さんに話している。対する弟も、兄の胸中、能力、そして行動力がよく分かっていたので、兄の思いと願いに応え、事を託した。この一件は茂徳が凡庸な人ではなく、冷静で賢明な人であったことを我々に教えてくれている。いずれにしても、兄の直感、見識、そして自信がこうした決断と行動へと向かわせたと老爺は理解し、皆さんに話している。

老爺は尾張徳川家の当主交代劇について、兄、慶勝の立場から、彼の心の内にまで分け入ってさらに推し量っておく。彼は弟、茂徳をこのまま尾張徳川家の当主にしておいてやりたくもあった。しかし、時代の動きがこれを赦してくれないと判断した。そこで、彼はまず、会談において急展開し始めた世の中に対して緊急を要する諸々の事態について、次いで、宗家による長年に及ぶ尾張藩と尾張徳川家に対する蔑視について兄弟会談の話題とした。その上で、こうした状況下での尾張藩と尾張徳川家の立ち位置や、今後の尾張藩と尾張徳川家の立ち位置について、このような状況下で尾張藩を主導する人の資質、技量について等々。諸々の事柄を会談の課題にし、忌憚《きたん》なく意見を交換した。

尾張藩と尾張徳川家は今、思い切った手を打ち、この先の変化、変動に対して備えねばならないと、慶勝は直感的に理解しており、弟、茂徳との兄弟会談をもったのである。彼は自分の思いと考えを素早く実行に移し、目的をとげた。彼がこれまでに磨き、鍛えた知力、洞察力、そして胆力とが尾張藩の危機を察知させ、藩主交代というこの大事を成さしめたと、老爺は慶勝を高く評価し、皆さんに紹介している。同時に、茂徳という人物を高く評価しておきたいのである。

慶勝はこの時点で事実上、尾張藩の全権を取り戻し、手中に収めた。そして彼は改めて、家臣共々と藩財政などの改善・改革に向けて精励し、尾張藩活動の諸基盤を整えていった。彼は特に、財政基盤の整備こそが尾張藩の今後の活動の原点であることがよく分かっていた。なお、尾張の国は、以前にも話したが、全うに運営、維持しておれば、国は立ちゆくという好い条件に恵まれていた。彼はこの間、かの井伊直弼とは違って、家臣たちの人格を認め、独断専行を避けるように努めた。彼のこうした行動を身近で見た家臣たちは以降、彼に対してより一層、信頼を深め、付き従ってゆくことになった。藩論の統一や人心一体という状況こそは、事を為し遂げるための必須の条件であった。彼はこうした点においても、よく学び、よく心得ていたのである。

加えて、慶勝は藩最大の悩みの種と化しつつあった尾張藩内の二大派閥の抗争にも心を配った。すなはち、金鉄組（勤王派）とふいご党（佐幕派）の融和と調整にも腐心した。加えて、何かとうるさく、問題であった付け家老対策にもぬかりなく対処した。彼の懸命な努力、奔走の結果、尾張藩は本来の力を取り戻し、藩力を徐々に回復していった。今も話したように、尾張の国は天災、人災さえなければ元々豊かな国であった。このようにして以降に事々を成すための財政上の余裕が生まれていた。言い換えれば、尾張藩が活動するための財政基盤が整えられていったのである。

○　慶勝の改名

老爺はここらで、先にも話題にした慶恕《よしくみ》から慶勝への改名の件について皆さんに話しておく。桜田門外の変のあった年の秋、彼は自ら、長年慣れ親しんできた名前、慶恕を捨てて慶勝へと改名した。彼は〝赦す〟を意味する〝恕《じょ》〟から、〝勝つ〟を意味する〝勝《しょう》〟へと改名した。〝勝〟から〝恕〟への改名であれば、凡人である老爺にも何となく、彼の思いが察せられたのだが、実際は、老爺の思いとは逆の改名であった。

慶勝がこの改名に込めた思い、真意は、正直なところ、この時点では凡人である老爺には分かりかねた。ただ、この改名に際し、彼の心中に何か強く、大きな思いが去来していたに違いないとまでは察していたのだが・・・。また、彼の改名は、先に話した向かい風（隠居、蟄居）の中での学びの成果とも関わっているかもしれないと、老爺は思いを及ばせもした。しかしながら、この時点では、彼の改名は老爺の理解や推察の域を越えていた。いずれにせよ、彼はこの改名に際して何か強い思い、決意を込めて彼の人生後半に臨もうとしていたことだけは間違いないと、老爺は諒解《りょうかい》していた。

○　慶勝の本領発揮

次の話の一部は、〝蟄居謹慎中の慶勝〟のところで、皆さんにすでに話しているが、ここで改めて、元治元年（１８６４）八月の第一次長州征討における慶勝の活躍と軍功について話しておく。幕府から無理矢理に押しつけられ、しぶしぶ引き受けた役目、征討軍総督ではあったが、彼は総督として鮮やかで、実に見事な働きをしてみた。彼のいよいよの本領発揮であり、面目躍如《やくじょ》といった態であったと、老爺は彼のこの件を高く評価し、皆さんにさらに話しかけている。

慶勝は長州征討にあたり、征討軍の総督を受諾する条件として、〝全権委任〟を幕府から取り付けた上で、この討伐に臨んでいた。〝慶勝の復権、そして活動開始〟のところですでにお話したことであるが、幕府、特に幕閣たちはすでに狼狽《うろた》え、常軌から外れるのが普通の態、すなはち、常態化していた。賢明な彼はこんな彼らが仕切る幕府に対し、事々に伺いを立てながら役目を果たしてゆくというもどかしさや無駄さ、加えて、不愉快さと愚行をどうしても避けたかったのだ。

慶勝は何時しか、〝事を行うには素速く、そして手際よく行う〟ことも自分を戒め、律する言葉としていた。よって、幕府との事前交渉は、彼にとっては至極当然のことでした。彼は最早、幕府のお歴々とは〝役者が違う〟、〝格が違う〟存在へと育っていたと、老爺は口を添えておく。このような一点を知っただけでも、彼の賢明さ、手堅さ、そして慎重さを、のんびり者の老爺であっても思い知らされた次第である。皆さんにも老爺の思いにご同意いただけるものと拝察している。

○ 慶勝と第一次長州征伐

慶勝総督は征討軍を長州に向けて進める傍《かたわ》ら、裏では薩摩藩の西郷隆盛（征討軍総参謀）を正使に立てて長州藩と談合を重ねるなど、ぬかりなく手を打っていた。この戦いの落し所を懸命に模索していたのだ。彼は隆盛などが奔走してくれた結果に加えて、自らの熟慮の結果をも重ねて、長州藩の家老三名の切腹と藩士十一名の断罪でもって素速く事を決して矛《ほこ》を収めた。彼は最小限の流血だけで、速やかに事を修め、長州征討を終了させてしまったのだ。

慶勝のあざやかな決着には、当然のこと、彼の常日頃の強い思いや願いが込められていた。老爺が推測する彼の思いと願いの内容である。日本開国後、日本国周辺を徘徊している西欧諸国につけ込ませてはならない。人の血を無駄に流してはならない。内紛を長引かせてはならない。日本の国を分断させてはならない。国の力を損なってはならない。遅れてしまった国をこれ以上遅れさせてはならない等々。これらの事々が彼の思いと願いであった。老爺は「お殿様、お見事でございます！」と、彼の活躍を賞賛し、低頭する次第である。しかし、実に残念なことだが、彼のこうした労苦を知り、評価する人は、当時にあっても少なかった。今日では尚更のことである。物事が見えなくなっていた幕府の閣僚たちを始め、世間の多くの人々も、彼の処断は手ぬるいと非難した。

慶勝の処置や処理に対して老爺の意見と見解をここで話してみる。なお、老爺の見解はこの話の中だけのことにはしたくありません。現代、今日にあっても、当時の人々が批判したのと同様に、己の程も分からず、大局の見えていない人が多数派となって事が押し進められている世の中ほど悲しく、怖いことはないのである。こうした状況は極力避けねばならないのである。

何時の世の、何処の国のことであっても、国を良い方向へ動かしてゆくためには、常識と経験に富んだ、賢明な人々が多数派となっていることがまずもって必要である。こうした人々がどんどん増えなくては、国は良くなることはありません。加えて、国民はこうした学びの成果を国政選挙などの折に、積極的に行動して示さなくてはなりません。これらのことが当たり前にならないと、国は真に良くならないと、老爺は思いを新たにし、ここで、あえて皆さんに話しかけている。

○　慶勝の行動様式

老爺はここらで、慶勝が修得した、普段の決断と行動の有り様について皆さんに披露しておこう。彼はまず、問題に関する確かな情報をできるだけ多く集めた。そして、これら情報についてじっくり考え、整理することを何時しか身に付けていた。整理した情報を彼の蓄え、磨いた学識や経験などに照らして、答え、あるいは結論へと導いていった。その上で、導き出した答えや結論にしたがって素速命令を発したり、あるいは自らが行動したのである。

また、慶勝の〝素速く〟という手法こそは、第一次長州征討の折における大胆な決着のように、少ない犠牲でもって事を収める最善の手だてでもあるのだ。彼のこうした有り様、計画的な手法は何時しか、生涯を通して一貫したものとなっていた。この背景には、たえず好ましい成果を上げるようにと、たえず自身の学びを深め、経験を積むとともに、広汎な情報収集に努め、大勢把握を心がけていたことがあった。むろん、彼のこうした判断、決定の根底には人は敬い、その命は大切と言う信条があったのは当然のことである。

○　慶勝の名古屋帰還と青松葉事件

慶勝が第一次長州征討軍の引率、行軍などで名古屋を長期間留守にしていた間に尾張藩のかねてからの悩みの種が芽を吹き、大きく育っていた。尊皇派の金鉄《きんてつ》組と佐幕派のふいご党の抗争は抜き差しならない、最終的な局面に立ち至っていた。すなはち、両派はともに、幼い藩主、義宣を自分の側に取り込んで圧倒的優位に立たんとする、一触即発と言う、切羽《せっぱ》詰まった状況に陥《おちい》っていたのだ。

老爺はまず、この緊迫した事態に至ったことに関する背景について補足説明しておく。名古屋にはこの時、兄から留守を頼まれていた弟の茂徳《もちなが》が滞在していた。慶勝は若い藩主の後見役として弟に駐在してもらい、見守ってもらっていたのだ。しかし、彼、茂徳の何時もながらの優柔不断さ災いして、緊迫した大事態を招いていた。茂徳という御仁は、自身も気づいていたように、おおらかすぎて、緻密な気配り、断固たる決断力と実行力に欠けていた。彼がこうした有り様であったので、名古屋は緊迫した事態におちいっていた。

名古屋にもどった慶勝はまず、何時ものように情報の収集と解析に精を出した。事態の把握に努めたのである。そして彼は苦渋の判断を下した。佐幕派であるふいご党を処断すると決心した。彼は、時を移さず、ふいご党の十四名の家臣を騒動の首魁《しゅかい》として斬罪に処した。この騒動こそが幕末、尾張の国、名古屋の城下を騒然、震撼《しんかん》させた〝青松葉事件〟の結末でした。

慶勝がこの時に下した苦渋の決断と決着は、結果として、尾張藩の藩論を〝尊皇〟でまとめたことになった。この事件以降、尾張という恵まれた風土で育ったおおらかな尾張藩家臣たちも、久々の生え抜きと言ってもよい主君に対し、以前にも増して賛同し、付き従っていくのである。なお、こうした家臣たちは、慶勝のこうしたお手並みを藩財政改革の折にすでに経験し、心からの信頼を寄せていたので、この折の処断に対しても、理不尽なことだなどとは誰も思わなかった。

以降、佐幕派、ふいご党であった家臣たちまでが慶勝に付き従っていった。さらに加えれば、彼のこの後の、いくつもの大仕事は、こうした家臣たちの同意があったので、彼の思い通りに遂行できたと、老爺は見立てている。事を行うのには人々の同意、賛同こそが何よりも大切であるが、彼はこのことがよく分かっていた。なお、尾張藩の家中の侍たちのこうした動きの裏に、徳川幕府による尾張藩に対する長年に及んだ侮辱と屈辱の振る舞いがあったことを改めて話すまでもないでしょう。

慶勝の青松葉事件における鮮やかな手並みに関して、参考となる話を併せて話しておく。水戸藩でも、敏腕家である藩主、斉昭の亡き後、佐幕派の天狗党と勤王派の諸生党との激しい抗争が起きていた。同藩はこの後、この抗争の始末に大変苦悩し、苦慮したので、幕末最末期においてその存在感を示すことなく、霞《かす》んでしまった。尾張藩はこうした水戸藩とは対照的でした。この話は特に、乱世の時にあって国を営み、政を行ってゆく上で、上に立つ者の技量と人格の如何が、国の存立や存亡などにおいて大切な要件になるかを、私どもに具体的に教えてくれている、貴重な事例である。

加えて、慶勝は尾張徳川家積年の悩みの種である付け家老対策においてもぬかりはなかった。彼はこの時点にあっては、識見、経験ともに彼ら付け家老たちを大きく凌駕し、圧倒するようになっていた。

彼らの小細工や抗弁などではとうてい太刀打ちできなくなっていた。加えて、彼らが拠り所としていた、宗家における閣僚たちも、うろたえと狼狽が日常茶飯事《さはんじ》のこととなっていたので、彼らと彼らのパイプも詰まりがち、いや、実際に詰まってしまっていた。

○　慶勝の行動様式（２）

老爺の重ねての道草話である。慶勝の決断や行動などの有り様に関わる話の続きを披露しておく。彼は常日頃の研鑽《けんさん》をおろそかにせず、知識の集積を疎かにしなかったのは勿論のこと、優れた耳をも持って人々の動向や動きなどの情報収集にもぬかりなく努めていた。常に、広汎に気配りをしていたのだ。例えば、彼は尾張藩で〝土居衆《どいしゅう》〟、〝御土居衆〟などと呼んでいた忍《しのび》の集団をも頼りにし、上手に使っていた。こんな彼らがもたらしてくれる情報も、彼の判断や行動に際して大いに役立っていた。

今も話した青松葉事件における慶勝の処分においても、土居衆が名古屋に在って集めてくれた情報が彼の処分者の決定などにおいておおいに役に立った。彼らから得た情報を冷静に解析した結果、彼は青松葉事件が尾張藩を二分するような大騒動であったにもかかわらず、最少人数の処分でもって事を鎮め、修められた。加えて、尾張藩を一つにまとめもできた。これらの事々に加えて、彼は深遠な知性と経験に裏付けされた、冷静で、賢明な目をも常日頃から磨き上げていた。彼がこうした優れた耳と目をもっていたことも、慶勝を語る時には忘れてはいけない特徴であり、特質である。

こんな慶勝は世の中の人々の動向、すなはち日本の歩む道が〝尊皇、倒幕〟で決まりつつあるのをいち早く見通し、前もって心構えするとともに準備もしていたと、老爺は推察している。こうしたことの結果、彼は青松葉事件においても、す速く決断を下し、巧く決着できたと老爺は言葉を重ねておく。なお、彼はこの事件を終生忘れなかった。何故ならば、常日頃、人とその命が何よりも大事だと言って活動している彼が、苦渋の末のことであったとは言え、十四名もの尊く、大切な臣下の命を奪ったからである。

○　慶勝の大英断、官軍の尾張領無血通過

慶應三年（１８６７）の出来事である。薩摩藩、長州藩、土佐藩などの西国諸藩からなる官軍が江戸へ向けて進軍し始め、倒幕を目指すに至った時にも、慶勝は尾張藩藩主として果敢《かかん》かつ迅速に決断を下した。彼は大御所が生前、尾張徳川家に託した申し置きに背くと決めた。この一大決断の折も、彼が前もって尾張藩や尾張家の役割について深く、そして広汎に考えていたことがもたらした賜物であったと言ってもよいだろう。

慶勝は錦の御旗を掲げ、東海道を東上して来る官軍に対していち早く恭順の意を表した。しかも、彼は単に官軍の尾張国通過を容認しただけではなかった。尾張葵の旗印を背に負った藩兵を官軍に同道させた。すなはち、徳川宗族中最大雄藩である尾張藩が官軍側に立って行動し始めたのだ。こうした行動

は大御所が知恵の限りを注ぎ込んで建てた城、名古屋城（別名を金鯱城）を託された主であれば、絶対行ってはいけない決断でした。しかしながら、彼はまず、人々への思いを念頭におき、最後には自分の信念、信条、そして結論を大切にした。勇断を下したのである。

御三家筆頭の尾張徳川家を預った慶勝は、尾張藩を尊皇派として行動すると、大胆に舵を切った。歴史家たちもこれまでのところ、彼のこの時の決断、決定を高く評価してこなかったのだが、彼、慶勝がこの時に下したこの判断こそは、幕末における日本国の有り様と行く先を決定的なものにしたのである。これこそは歴史上の大きな分岐点であった。これによって、これ以降に続いた戊辰戦争の中盤や終盤と位置づけられているいくつかの戦いは、老爺の見解によれば、後処理、事後処理でしかなかったと言うのである。

○　慶勝の仮想応戦

老爺は、慶勝の下した結論の後付けとも言える話をしておく。尾張藩、尾張徳川家の持ち城、名古屋城は築城当初より広大であり、かつ頑強な城郭であった。したがって、並はずれた防備力を具備していた。この防備力に加え、幕末のこの時点であれば、殺傷力や破壊力が当時、世界最強だと評価されていたガトリング銃やアームストロング砲などの最新兵器による武装も可能であり、これらの入手は容易なことでした。例えば、越後の国、長岡藩の家老、河井秋義（継之助）はこの頃、ガトリング銃を入手して北越戦争の折に効果的に使用して善戦した。

参考までに、幕末のこの時期は丁度、米国の南北戦争（１８６１―５）が終わって間もなかった。この国では大量の最新兵器が行き場を探していた。事実、これらの兵器を売り捌《さば》こうとする武器商人たちが日本を徘徊《はいかい》していた。したがって、尾張藩、すなはち、慶勝が決断し、最新兵器による補充を実行に移そうとすれば、これら最新兵器の入手は容易な状況にあった。尾張徳川の拠点である金鯱城の攻撃力の著しい増強、強化は、思いの外に容易であったと考えられるのだ。

ここで、攻守両面において、一段と増強、強化できた金鯱城の主、徳川慶勝が大御所の願いに忠実に応えたことにいたしましょう。彼は当然のこと、尾張藩近隣の諸藩をも糾合し、佐幕派として共闘することを策するに違いありません。この結果であるが、尾張の国を中心とする広い地域が一丸となって、東上してくる官軍に対して真っ向勝負を挑んだであろう。こうした状況を老爺なりに想起し、戦いの有り様を今少し推測してみる。なお、当然のこと、この合戦には幕府自慢の海軍艦隊も伊勢湾を中心に展開し、応援、共闘することになろう。

金城鉄壁化がかなった金鯱城を中心とする尾張佐幕派軍の抵抗は、この直後に起きた長岡、会津、あるいは函館などにおける抵抗戦の比ではないだろう。日本における、こうした大規模な戦いの前例を強いて探すとすれば、かの関ヶ原の戦いであろう。しかし、この場合の戦いは関ヶ原の戦いとは違って、金鯱城をめぐっての長期に渡たる死闘に陥いることが容易に予想できる。この戦いの場合は当然のことであるが、大変な数の人の命が失われることだろう。また、名古屋や周辺の街や村が焼き尽くされるだろう等々。武器や戦術の革新的な進歩によって想像を超える被害がでることは、戦争に対して素人である老爺であっても容易に予想できる。

尾張の国を中心にして佐幕派と勤王派による死闘が長引けば、勿論のこと、フランスやイギリスを始め、植民地獲得競争に出遅れたプロイセンやロシアなどの諸外国も直接介入してくるだろう。そして事態は混迷を極め、その程度は老爺の予想をはるかに越える規模になるだろう。この結果、日本国改革の歩みが大きく遅滞してしまう、いや、完全に頓挫《とんざ》してしまうであろう。加えて、その後の日本国の有り様を大きく変えてしまうであろう等々。深刻、かつ重大な事態がいろいろと想起できる。さらには、老爺の予想や予測を越える事々も多々次々に発生するであろう。

○　仮想尾張大戦の余話

尾張名古屋における仮の大乱に関して、老爺自身に関わる想像話も付け加えておく。老爺の家は元禄年間以来、尾張の国の西端、木曽川の東岸部の地（現在の一宮市）に張り付いて代々暮らしてきた。そして老爺でもって十代を数える。もしも、尾張の西部、木曽三川沿いで、鎌倉時代の承久の乱のような大規模な戦闘が勃発することも予想できる。さすれば、老爺の丁度四代前の先祖、高祖父が戦いに巻き込まれて命を落とすという確率は高いだろう。さらに想像をふくらませれば、その末裔である老爺はこの世に生を得ることができなかったかもしれません。

老爺がこのように思いを馳《は》せ始めると、尾張名古屋のお殿様、徳川慶勝公は老爺から遠く離れたところに居られた方ではなく、以外に近いところに居られた方であったと、老爺はこの話をまとめながら、改めて気づき、いろいろと思いを巡らせている。そしてひときわ感慨深く、複雑な思いの中にいる老爺でもある。老爺の個人的な事例のように、彼は当時の人々は当然のこと、今日を生きている人々にとっても、誕生に関わる事態を回避してくれたと言っても、あながち間違いではありません。

この折の尾張藩藩主、徳川慶勝による英断こそは、尾張の国における戦いが回避されたのはもちろんのこと、当時の人々の命を助けた。彼は武士団の長の心を忘れ、救命者となったと同時に、日本国と日本の人々の恩人ともなった。これらのことに加え、老爺を初めとする、多くの人々の今日の存在にも関わる恩人ともなった。人本位、人命第一を考えて大英断を下し、思い切った行動してくれた彼を、現代の人々はもっと評価しなくてはなりません。評価していただきたいと老爺は今改めて心から願っている。そして読者の皆さんと歴史家の皆さんが老爺の思い同意し、賛同してくれるように願ってもいる。

○　慶勝の恭順、そしてその背景

慶勝はこの大事に先立ち、青松葉事件や尾張藩の財政や藩政の改善などを通して尾張藩の家臣たちを一つにまとめあげ、よく掌握《しょうあく》できていた。同様に、家臣たちも彼を信頼し、信服するようになっていた。こんな彼が藩主であったからこそ、今も話した官軍の尾張領の無血通過、官軍との協働、協力などの大事にも、尾張藩内では戸惑いや小競り合いなどもなく、円滑かつ穏便に行えたのである。

さらにつけ加えれば、この折の尾張藩の藩士たちの心の状態である。幾度にもわたって徳川宗家が無理強いした養子問題と、養子たちが繰り返した浪費の影響を受けるようになっていたことが彼らには苦い澱《おり》として溜まっていたに違いありません。この思いこそが、一時は尾張藩の半数を占めていた佐幕派藩士たちをも黙らせてしまい、慶勝に同調させたに違いありません。いずれにしても、事を行うには藩士を初めとする民人の支持が必須である。慶勝は常日頃から、家臣や民人たちを大切に思い、慈しんでもいた。こうした事々が彼らを黙らせ、付き従わせたと、老爺はみている。

慶勝は勇断をもって尾張国と領民、ひいては日本国と国民の悲惨な事態を回避してくれた。彼は尾張の国のインフラ（広汎な産業基盤）やその民の命はもとより、日本国のインフラと国民の命をも守り、救ってくれた。彼こそは類い希な賢人であり、恩人であった。もしも、人の好い茂徳が尾張藩の藩主として続いて舵を取っていたら、事態は全く違ったことになっていたであろう。尾張藩と尾張の国は幕末期、様々な外圧や誘いに翻弄《ほんろう》され、結局は戦う羽目となり、領土は荒れに荒れてしまったであろう。そして今も述べたように、多くの大変な事態が名古屋を中心に、広い範囲において長期に渡って起きていたことも相違ないだろう。

同じ話を繰り返すことになるが、賢明な慶勝はこうした深刻で厳しい事態の出来《しゅったい》を随分前の時点から思い描き、さまざまに考えていたに違いないなどと、老爺は推察している。彼はこうした事態の一つ一つについて、対応や対策をあらかじめ想定し、対処法までも考えていた。少なくとも、心の準備はしていたに違いないと、老爺は見ている。このためであっただろう、彼は多くの事案について、粛々と、そして速やかにやり遂げられたと、老爺は理解し、納得している。

話を続けるが、慶勝は様々な場合の心備えや方策をあらかじめ想定し、備えていた。そして彼は対策や対処法までも育んでいたと、老爺は言いたいのだ。老爺は彼について、このように見ている。前に話した慶恕から慶勝への改名の折すでに、彼はこうした事々をすでに想い描いており、決意を強く固めていたに違いないと、老爺はこのくだりを皆さんに話す段階に至って、やっとこの思いに思い至り、得心し、納得したのである。

○　慶勝による官軍の東海、中仙両道無血進軍

官軍が江戸に向けて東征した折、慶勝が成し遂げた功績話の続編の話である。彼は尾張藩の去就、朝

廷への恭順を決めた、すなはち、彼は官軍の領内の無血通過、官軍との共同、協働を決め、実行しただけではなかった。彼は東海道と中山道の両道沿いに知行地を持っている大名衆や旗本衆に対しても前もって、倒幕軍、官軍との戦いを自重し、回避するようにと、心効いた家臣たちを派遣していた。説得していた。そして、ことごとくを同意させていたのだ。

この事に関して、大御所はかって、非常時における尾張藩の行動についてもいくつかの務めを申し渡していた。それらの中には、当然のことだが、「尾張領国周辺の大名や旗本をも糾合して西国からの挑戦に立ち向かうように。」、「彼らと共に名古屋城を拠点として戦うように。」、「宗家と幕府を守護、鎮護するように。」等々。こうした事項も含まれていたと考えられる。しかしながら、慶勝は大御所のこうした願いをも乗り越え、振り切って行動したのである。

慶勝は近隣の大名や旗本たちを説得する折には決まって、無駄に血を流してはならない。戦いを長引かせて西欧諸国につけ込ませてはならない。日本をこれ以上世界から遅れさせてはならない等々。彼のこうした熱く、強い思いと願いとを綴った手紙を使者たちに託し、説得に当たったのだ。そして心効いていた使者たち各々の熱心な説得の効果もあり、数多の人々の心に彼の思いと願いが相手方にも届いたと考えられる。加えて、彼の明日の日本とその民を思う、揺るぎのない決意もまた、人々を突き動かして同意、賛同させたと、老爺は付け加えておく。彼は大御所の思いとは逆の意味でもって、近隣の大名家や旗本家をも見事に糾合させ、同調させた。これは彼ならではの類い希な大英断であり、比類のない大仕事であった。

対する徳川幕府の閣僚たち、旗本たち、そして御家人たちである。彼らもこの非常事態に実際に直面し、やっと、尾張徳川家と尾張藩が存在している意味と、その力の大きさを、尾張藩の本来有りうべき行動とは逆の行動でもって見せつけられた。そして尾張藩の力とその存在意義を思い知ったに違いありません。加えてこれまでの不見識と不行跡を恥じ、悔やんだ者も多々いたであろうと老爺は思い、そして信じたい。だが、実際はどうであったろうか。こうしたことが素直に分かる人が幕府内に数多くいたのであれば、この幕府はこうもあっけなく消滅しなかったのではと、一方で思っている老爺である。

尾張徳川慶勝の献身的な骨折りと官軍に転じて活動し始めた尾張藩の兵たちが掲げた尾張葵の旗印の効果もあって、西郷隆盛率いる東海道東征軍と、板垣退助率いる中仙道東征軍は、甲府で小競り合いがあったことを除けば、大々的な戦火を交えることもなく、江戸に入府できた。慶勝はこの時も、先の第一次長州征討の時と同じ様に、最小限の血を流しただけで事を納め、膨大な人々を安心させ、安堵させたのである。さらには数多の人々の命を救い、守ったのである。

○　慶勝の大英断の背景

尾張藩の主、徳川慶勝は今も話したように、周辺の国々の大名や旗本を糾合して官軍相手に戦いを挑まなかった。彼は大御所の申し置きに背いた。彼は間違いなく、形骸化し、無能と化した江戸幕府の存続よりも、明日への夢を失っていなかった日本という国と民人たちの、今日の安心、明日の発展と希望、そして願いなどを自分の一連の行動に託したに違いありません。彼の苦悩の末の思いと決断の大元には、日本という国に住み、穏やかに暮らしている何千万の人々の命の尊さ、重さを見据えていたことがあったと、老爺が断言しても間違いではないでしょう。加えて、この決断を下した後の彼は、日本国の現状は当然のこと、将来をも見据えて一心不乱に行動した。その訳は戦いを一刻でも早く終わらせたかったからである。

賢明な皆さんにはここで、重ねて話すまでもないことかもしれませんが、老爺はこんな慶勝の一連の行動と、成し遂げた成果と功績について、視点を変えて、彼の行動と功績を考究し直しておこう。老爺はここで改めて、彼の諸々の行為を高く評価し、高く賞賛しておきたいのである。彼に対して老爺が評価する内容を以下のように具体的にまとめておく。

徳川慶勝は徳川宗族中、指折りの有力者、実力者だとの評価を固めつつあったが、様々なしがらみを決然と断ち切った。彼は〝日本の国と、その民の命こそが何よりであり、第一である〟との強い思いを拠り所にし、果敢に行動した。末期的な状況に陥っていた徳川幕府を見限り、引導を渡した、徳川宗族最初の殿様となった。すなはち、〃賢人〃となったのである。さらに付け加えれば、彼こそは〃日本の国の安寧と、その民の命を守ることこそが大事である〃と強く意識して救い、守ってくれた〃大恩人〃ともなったのである。

○　慶勝の大決断に至る心情

ここで改めて、徳川慶勝の一連の行動を重ねていた折の心情について、老爺なりの私見をもまじえて披露しておく。尾張藩と尾張徳川家は吉宗治世時代以降、宗家、その閣僚たち、加えて御三卿の人たちから事ある毎に軽んじられ、疎んじられてきたと、慶勝自身も実体験もあって、そう思わざるをえなかった。このあたりの事々を改めて具体的に話してみたい。

度重なる養子押し付けのような宗家によるごり押し、故宗春公への恥辱とその墓石に対する冒涜《ぼうとく》と侮辱《ぶじょく》、加えて尾張藩に対する軽蔑、押しつけ養子たちの浪費による経済的な影響を被った尾張藩と藩士たちの長い間の苦悩等々。慶勝はいずれについてもよく分かっており、同情し、理解していた。彼自身も幼少時から、今も話した尾張の徳川家と江戸の徳川宗家の異常な関係について見聞きしていた。これらの事々に加え、彼自身も家督相続後に徳川幕府から受けた仕打ち、すなはち、安政の大獄時における幕府の仕打ちと仕置き、併せて幕府の管理能力の変貌と低下などを身をもって実感、経験していた。幕府の制度の悪さや汚点ばかりを聞かされ、見せつけられてきた。彼の見るところ、特に、吉宗以降の幕府の政は特に、農民を始めとする庶身に対する配慮、情愛に欠けていた。さらに、こうした欠点を改めようとする気配すらなかったと察知し、評価したのである。

慶勝は一時、こうした事々をたびたび思い、考え、そして悩んだ。老爺はここで、彼の主な悩みの種を具体的に箇条書きにして整理してみる。吉宗治世以降、尾張藩と尾張徳川家に対する軽蔑や軽視が続いたこと。吉宗以降の将軍たちの無為無策によって幕府の衰退が一気に加速したこと。吉宗がこだわった彼自身の血脈も十三代将軍、家定でもって途絶えたこと。その後も、幕府の統治力は直弼を始めとする閣僚たちの無能さや強引さによって一段と悪化、劣化していること。改革、改善をおろそかにした幕府の政治力と統治力が見る影もなくなっていること等々。彼は幕府のこうしたいろいろな点に気づいており、藩主就任以来、尾張藩としての対策、対処法についても密かにいろいろと考究していたと老爺は推測している。

加えて、慶勝が見るところ、徳川幕府そのものはもはや、いろいろな不備不全が一気に噴出しており、人の健康状態に例えれば、危篤の極に陥《おちい》っていた。日本の国を改善を計画し、計画の実現に向けて政を押し進めるどころではなくなっていた。硬直化し、無能と化していた幕府は、回天の働きが期待できる人材を身分や肩書きにとらわれることなく糾合し、協働することさえも出来なくなっていた。つまるところ、幕府にはもはや、日本の国を普通に維持してゆくこと、ましてや、蘇生、回天させることは出来なくなっていると、彼は見立てたのである。

仮に、慶勝自らがこんな火中に入り込んで、クリを拾ったとする。すなはち、徳川幕府の改革を先導する場合である。こんな彼がまず行わねばならないのは、旧弊の見直しと打破、組織の見直しと改革へと続こう。その後やっとのことで、政の改善、再生へと歩を進めることになるだろう。さらに、こうした有り様を譜代大名を始めとする幕臣たちに理解させ、納得させるのに大変手こずろう。こんな有り様は幕臣たちはもとより、時が赦してはくれないなどと、彼は苦悶の時を重ねもした。彼はこうした苦悩、苦悶の時を経た上で、最終的な決断に至ったと、老爺は推察している。

慶勝は自分が抱えるようになった思いや願いが、大御所の思いや願いに反していることは、当然のこと、承知した上で自分の覚悟を決めようと苦悩していた。彼は自分が徳川宗族の一人として、また尾張徳川家を継いだ者として、これまでの尾張徳川家と江戸宗家との関係をたびたび思い起こしながら、大御所の申し置きについても考えに考えた。こうした一方で、この国の今日と明日の有り様についても同様に、いや、それ以上に考え、思い悩んだ末に決定し、決断を下したのである。

慶勝は大変思い切った決断をした。〝人とその命を大事に〟を信条として活動している彼は、徳川幕府の外にあって、尾張の国と民を、ひいては、日本の国と民を守らねばならない。加えて、この国の混乱を取り戻さなくてはならないなどと、自らを鞭打ち、鼓舞しながら、一連の行動を続け、積み上げていったに違いありません。老爺はこんな彼に対し、いたく感動し、心より深い感動と謝意を表するのである。老爺の説話にお付き合いいただいている皆さんは如何にお考えでありましょうか。

慶勝は一連の行動をしながら考え、そして悩み続けた。自分が今、決めようとしている思いと行動は、日本の国の将来、この国の膨大な人々の大切さと命の重さとを思えば、当然のことであり、大御所の期待に背くのはやむを得ないことだなどと、彼は自分に言い聞かせ、納得させ、そして割り切ろうと苦悶《くもん》したこともたびたびでした。彼はこうした苦悩、苦闘を重ねた結果、尊皇派として行動し始めた。彼は決めた目的に向かって歩んでいった。そして新しい世を迎えた。

○　慶勝の隠遁と、その折の心中

慶勝は老爺がこれまで話してきたように、激動、動乱の幕末期にあっていくつもの大仕事を成し遂げ、明治と呼ぶようになった新時代を迎えた。明治初頭に発布された版籍奉還や廃藩置県を受け、彼は名古屋県県令の職も引き受け、無難に勤め、こなした。若くして頓死した息子の後を追って尾張徳川家の当主に復帰もした。さらには尾張徳川家の後継者になる養子探しも行った。彼は新時代の初頭にあって尾張藩、そして名古屋県の代表として、同時に尾張徳川家の家長としていろいろ活動し、務めを続けた。

彼の県民を思う心は当然のこと、健在でした。こんな彼は自身が成した大功を背にして新政府においても活躍しようと思えば可能な状況にあった。にもかかわらず、彼は新政府中枢から意識して距離をおいたと老爺はみている。明治になってからの彼を老爺は以上のように見ている。

慶勝はこうした事々をこなしていった一方で、〃ゆとりの老後〃などは夢物語であった明治時代の初頭において思い切った行動を選んだ。彼は余生は思いのままに、そしてゆったり過ごしたいと願うようになっていた。そして、彼はこうした願い通りに実践してみせ、人生を堪能した。彼は学びと経験が豊かであったので、彼はなるべくして、今述べたような人生終末を実現できたに違いないと、老爺はみている。いずれにしても、彼は稀有な余生をも送った人であったと老爺は拝察し、彼の進歩性にいたく敬服している。また、老爺はここで改めて、命を救われた多くの人々を代表し、「徳川慶勝公にはご苦労様でした、ありがとうございました。」と深謝し、衷心より頭を垂れるのである。

○　慶勝の助命活動

隠遁《いんとん》をきめこんだ慶勝にも、一度だけ例外の時、下世話に言えば、情にほだされて懸命に動いた時があった。彼は血を分けた、二人の弟たちのために明治政府中枢部に対して、懸命に働きかけた。維新の前後、本来の思いとは随分違う舞台に立たされ、踊らされた弟たちの救済、救命のために果敢に動いた。彼自身も幾度となく、気を揉まされた弟たちではあったが、恵愛しており、敬愛してくれる二人、容保と定敬の助命嘆願のために一心に奔走した。

　慶勝は特に、末の弟、松平定敬の助命嘆願活動では、格段に気を遣い、苦労したと伝えられている。彼の頭の片隅には旧幕臣、小栗忠順《ただまさ》の終末があったに違いないと老爺は推察している。忠順は江戸幕府の訪米使節団の一員に選ばれて渡米したような俊才でした。事実、忠順は日本帰国後、徳川幕府の外国奉行、軍艦奉行、勘定奉行などの要職を歴任し、それぞれの職務を手落ちなくこなした、類い希な能士であった。明治政府はこんな有能な彼でもあっさりと斬首の刑に処していたことを、彼は思い出しながら、定敬の助命活動に一生懸命に奔走《ほんそう》した。

　厳しく、難しい状況の下、慶勝はもう一人の弟、一橋茂栄とともに処々方々に働きかけ、頭を下げまくった。そして容保に続いて、定敬の助命、救済にも成功した。彼らに対応した新政府のお歴々も、維新の大功労者である徳川慶勝のたっての願いは無視できなかったに違いないと、老爺は推察している。二人の兄の必死の助命嘆願活動は、高須、松平の兄弟たちが如何に固く信じ合い、強く結ばれていた兄弟であったかを世間に広く知らしめ、世間の人々を感動させ、同情さえもさそったに違いありません。彼は一連の助命活動の中で、二人の弟たちの命と引き替えに、明治新政府への参画を潔《いさぎよ》く諦め、身を引いたのではないかと、老爺は深読みしているのだ。老爺はここで、彼のこうした潔さの背景についても老爺の見解を交えて披露しておく。

○ 慶勝と明治新政府

老爺が推察した、慶勝の明治新政府に対する見方、見解である。この政府はこれまでの徳川将軍に変え、天皇を頂点に頂いた。そして天皇を支える一方には岩倉具視に代表される皇族や公家たちが就いた。もう一方には西郷隆盛、大久保利通、木戸孝充《たかよし》など、薩摩、長州、土佐、肥後などの武士たちが就くといった弥次郎兵衛のような組織でした。換言すれば、新政府は呉越同舟の状態の、難しい政体、政権であった。両者は本来、水と油の関係であって、さまざまな問題をその内に秘めていた。

こうした一方で、慶勝はアメリカ国ではすでに、大統領という執政代表者を始め、執政補助者たちを国民が定期的に入れ札、投票でもって選ぶといった進んだ制度が機能していることも耳にしていたことであろう。こんな状況下、彼は例によって、日本の新政府の不整合さや古さをいち早く見抜いていたに違いない。老爺が察するに、彼は明治新政府に対し、懐疑と憐憫《れんびん》という二つの思いを抱いて見ていたと、老爺は推察するのだ。新政府はこれらのこと以外にも、難問山積み状態でした。

今も述べたような事情や状況もあって、慶勝は自らの意思でもって、政界中枢から距離をとった、すなはち、逼塞《ひっそく》し、沈黙したと老爺は見ているのだ。ちなみに、彼の、かっての盟友の一人であった越前の国、福井の松平慶永の場合である。彼は明治新政府に深く関わって活動した。議定、民部卿、大蔵卿など、明治新政府の要職を歴任するなどして活躍した。慶永は明治新政府の打ち出したオールジャパン体制を〝是〟として、新政府に参画、協力し、活躍、貢献したようだ。

　対する慶勝であるが、彼には政界中枢から距離を置いた理由が上述した点以外にもあったと、老爺はみている。彼は自身の信条や立場からみても、倒幕運動を力づくで押し進めた元勲たち、人の命を軽んじて血にまみれたままの人々と心から馴染み、和することを苦痛なことだと思っていたに違いないと、老爺はみている。この点こそが彼を維新後、沈黙に走らせた最大の理由であったと、老爺はこの箇所を話ながら、今やっと得心し、確信しているのだ。

○　慶勝の究極の希求

　慶勝が懸念した血に関わる心配事は、時代は変わっても日常のこととして続いた。血にまみれた暗殺や争乱が維新前後に次々と発生した。最初は慶応三年（１９６７）の守旧派士族たちによる坂本龍馬の暗殺を挙げねばならないであろう。続いて、明治になっての大村益次郎、広沢実臣、大久保利通など、維新の元勲たちの暗殺事件が次々発生した。加えては佐賀に始まり、肥後、萩、秋月などの西国を中心に次々に勃発した元士族たちによる反乱や争乱である。

　これら事件や争乱に対する元勲たちの対応である。彼らはどの場合にあっても、特に、争乱の場合である。蜂起した元士族たちの実力行使した。反乱に対して、心情を察してやる、命を尊び、敬まおうなどのことは彼らには全くなかった。いずれの場合も、彼らは武による力攻めを強行し、反乱者として問答無用に圧殺し、鎮撫した。しかも、圧殺、鎮撫した相手の多くはかっての仲間、勤王の同志たちであったが、情け容赦することはなかったのである。

元勲たちは今も述べたように、事件や争乱にたびたび対峙し、処置しなくてはならなかった。しかし、彼らのその時々の生き様ややり様をみてみると、かの井伊直弼のように「血は血でもって還ってくるので、別途、対策したほうがよい。」などと自覚し、悔い改め、道を変えようとした者は少なかったと老爺は見ている。こうしたことについていけなくて転身した者を挙げれば、板垣退助、福沢諭吉、そして大隈重信であろうか。慶勝も老爺と同様に思いながら、こうした事々を冷静に見ていたに違いありません。彼はこれらの事々に対して人間としての行動を具体的に起こしてはいません。彼はこうした事々は侍としての行動であり、殿様である自分には関係ない事々だと見ていたとでも、一刀両断すれば、よいのだろうか。

慶勝は生まれ変わった日本が歩んでゆく道々に、こうした無惨で残酷な事態が噴出することを例によって、予断、予測していたと老爺は見ているのだ。彼は政権中枢に在って、こうした事々に同意を求められたり、矢面に立たされたり、道連れにされたりすることが嫌《いや》であった、避けたかったに違いないと推察している老爺である。よって、彼は明治政権中枢から距離を置こうと決め、独り沈黙してしまったと老爺は見ている。

何故ならば、慶勝が成し遂げた諸々の事績からも分かるように、彼は、何事も人の命で償《つぐな》う時代が速やかに終わることを誰よりも請い願っていた人物であった。よって、彼は侍の時代は終わらせたいと強く自覚し、行動してきた。老爺は彼の心の内の思いをこのように推察し、得心しているのだ。同時に、この願いこそが命を尊んで幕末を自信を持って生き抜いた大賢人の究極の切望であったと、推断している。なお、彼の胸中にはこうした元勲たちとは全く違った政権と政のあり方が育まれ、育っていたかもしれないと老爺は推察しているのだが、今となってはこれを確かめることはできません。老爺はこれを残念に思っている。

○　人々に忘れられた慶勝

老爺が繰り返し話しているように、慶勝は維新後間もなくして、すっかり沈黙してしまった。身体、体調がひどく悪かったとは伝えられていない彼がである。事実、彼はすでに話したように、尾張藩、名古屋県、そして尾張徳川家のためには務めを十分に果たしている。今日の日本人は、残念なことに、このような異能の賢人、同時に、日本の国とその住人たちの命と営みとを守ってくれた恩人の名前や業績を忘れようとしている。彼こそは日本史上、類《たぐ》い希な功績を遂げた。すなはち、膨大な数の人命を守り抜いてくれた大恩人であるのだ。しかし、多くの人々は今や、彼を忘れてしまっている。老爺は現在、彼、慶勝に対して、「申し訳ありません。」との思いで一杯である。

ここで、我々は慶勝の功績、偉業を改めて思い起こし、まとめてみる。第一次長州征伐での見事な戦闘回避と最小限の犠牲者だけでの征討終結。尾張藩での藩論統一と藩政掌握。同藩の財政健全化などへの献身。官軍、朝廷に対する恭順の表明。官軍の尾張領内通過容認。官軍への支援と同調。東海道・中仙道沿いに領地を持っていた大名、旗本への不戦に向けての説得。そして官軍の江戸無血入府等々である。これらの功績は多彩であり、かつ尊いことばかりであった。

慶勝のこれら事績のどれも、将軍を頂く武士たちの時代における活動の結果であったにも関わらず、最小限の血を流しただけで成し遂げているのだ。彼はこれら事績の陰では、膨大な人々の命を守ったり、救ったりしたのだ。そして日本の国をも守ってくれたのだ。こうした点こそは最も尊く、驚嘆すべき出来事だと言わなくて何と言えばよいのであろうか。彼の功績は明治元勲たちの誰と比べても、遜色《そんしょく》ありません。特に、人命尊重や救助という点においてはひときわ抜きん出ていたと、老爺は声を大にしてここに言いおくのである。

老爺がここで慶勝に感服、感謝しながら、皆さんにさらに話しておきたい点がある。それは、彼がかの織田信長と同じ様に、確たる師匠や軍師をもつこともなく、主に尾張藩の多彩で多能な家臣たちを上手に使って事を成し遂げていったことである。最早、繰り返して言うまでもありませんが、彼自身はたえず、広汎な学びによって鍛えあげていた。加えて、一つの活動ごとに反省し、その結果を次の活動に上手に活かしていた。したがって、多能で多才な首領に育つことができた。

慶勝はまさに異才、異質の英雄であり、〝賢人〟と呼ぶのが最も相応しい。さらに言葉を添えれば、彼こそは尾張の国と領民、ひいては日本の国と、膨大な数の国民の命の救い、守ってくれた、〝恩人〟、救世主でもあった。武士の時代にあって人命第一を貫き通して、このような大きな業績を積み上げた人物を、老爺は日本の歴史上、他に知りません。彼こそは、日本の全国民が感謝しても足ることのない、〝大恩人〟である。老爺はここで、特に話しておきたいことがある。現代の人々も、彼、徳川慶勝の尊い業績や功績を真摯に敬い、感謝しなくてはならないと、老爺は声を大にして言いおく。

○　慶勝晩年を楽しむ

慶勝は晩年、東京や名古屋などを中心として写真を撮って周って楽しんでいる。例えば、彼が名古屋城をいろいろな角度から撮って回った写真が現存している。これら写真は、名古屋城中心部が第二次世界大戦時、米軍の爆撃機による空襲によって焼け落ちているだけに、今となっては貴重な遺産であり、歴史的な資料である。老爺が見るに、彼は明治政権の中枢と決別し、写真を中心とした趣味の世界で遊び、楽しみ、そして堪能した。

慶勝は実子に先立たれるなど、家族運には恵まれなかった。しかし、彼はその分だけ、生き残った弟たち、高須松平の弟たちとの心置きない、穏やかなつき合いの時間に心を使い、自身もおおいに楽しんだと伝えられている。彼が中心とした高須兄弟たちの愛と信頼に包まれた、忌憚《きたん》のない、穏やかな交流、交わりの場の光景が、老爺の脳裏には次々に浮んでくるのだ。

慶勝が悠々閑々《ゆうゆうかんかん》に過ごした晩年の日々こそは、現代を生きている我々にとっても、究極の願いでもある。具体的に言い換えれば、退職後の時間が医療の進歩によって格段に長くなった現代を生きている我々から見ても、彼の有り様こそは理想そのものなのだ。すなはち、彼は夢のような、豊かで穏やかな余生を過ごしたのである。彼のこの有り様こそは老爺に一言でもって言わせれば、「うらやましい！」である。彼にとって、晩年こそはすばらしく、満ち足り、そしてやすらかな日々であったことであろうと、老爺は改めて拝察し、喜んでいる。

慶勝の事績・功績に係わる話を終えるに際し、老爺は彼の優しさ、細やかさを窺い知ることのできる挿話をもう一つだけ披露して、第三話、徳川慶勝紹介の事実上の締めくくりとする。時は明治の初めのことであった。尾張藩も蝦夷の国、八雲（現在の北海道、渡島支庁山越郡八雲町）へ、主として下級の藩士とその家族たちを送り出していた。いわゆる、明治新政府の開拓使が先導し、促進した事業、下級士族による蝦夷地開拓事業に尾張藩も応じ、下級藩士たちを蝦夷地に送り出していた。

以降、慶勝はその生涯を通して、旧家臣たちとその家族たちの暮らしの定着と安定に対して気遣っていた。経済的な支援をしたのは勿論のこと、さまざまな気遣いもし続けていた。彼の旧尾張藩藩士による蝦夷地開拓団に寄せた厚い思いとこまやかな活動は、彼の後を継いだ尾張徳川家の後継当主たちにも受け継がれていった。彼の民人を慈しむ、優しい心と情は時、時代を超えて尾張徳川家では健在であると言ってもよい。

尾張徳川家を引き継いだ当主たちも、慶勝の思いを当然のこととして引き継いだのである。こうした後継者たちの中には、彼らの暮らし向きの向上のためにと、北海道のおみやげとして現在有名である木彫りの熊人形を造るように奨めた者もあったと、老爺は聞き及んでいている。この話は誠に微笑ましい挿話ではありませんか。これは老爺の蛇足であるが、熊人形造りは、旧家臣たちの冬の長い北国における内職仕事として、併せて臨時収入を得るためにと推奨したのである。慶勝公の人を思い、尊重する、優しい心根は、尾張徳川家において今日も連綿と活き続けている。

以下において、徳川慶勝と関わりのあった幕末の巨人について話をした上で、彼の略歴を改めてまとめることにしたい。

◎　徳川　慶喜

○　徳川慶勝を意識し、見習った慶喜

幕末期、徳川慶勝の鮮やかであって、すばらしい一連の行動の数々は、当然のこと、周りの人々にもさまざまに影響を及ぼした。老爺はここで、こうした事例を披露してみたい。彼の民人に対する懸命であり、公明正大な生き様は、弟たちに強い影響を及ぼした。これは彼らが身近な存在であったので、至極当然のことである。彼らに続く事例はと、問われれば、従兄弟の徳川慶喜をまず取り上げたい。特に、十五代将軍となって以降の彼の出処進退に強い影響を及ぼしていたと、老爺は答えることにしている。老爺は以下において、この話を皆さんに披露する。

徳川慶勝の影響を強く受けた人物として、老爺が最も注目しているのが今も話したように、十五代将軍の徳川慶喜である。彼は常日頃、その挙動や行動につき合っていた家臣たちから、「二心殿！」とのあだ名を頂戴していた。この別称通り、彼は物事を決定し、行動するに際し、彼自身の頭の良さが手伝ってのことだと考えられるが、よりよい結果を示したい、よりよく見せたいなどと願い、前言を翻《ひるがえ》し、改めることがしばしばでした。こんな彼につき合わされていた端《はた》の者たちは、「上様は一貫性に欠ける。」、「上様は優柔不断である。」などと陰口をたたき、上記したようなあだ名をつけたと思われる。

○　慶喜が慶勝を意識した訳

慶喜は伯母の子である慶勝などの高須松平の兄弟たちとは幼少時から顔見知りでした。江戸時代、大名の妻や子供たちは原則、江戸に留め置くように決められていた。したがって、彼らはともに江戸に在って、普通に行き来して育ったのである。さて、一橋家へ養子に入った後の彼である。彼は何時しか、尾張徳川家に養子入りし、家督を継いだ後の慶勝の挙動をそれまで以上に注意し、意識するようになった。

従兄弟、慶勝は慶喜より十三才年上の人生における先達でもあった。尾張徳川家へ養子入りした後の従兄弟は実に堂々と世渡りし始めた。慶喜は何時からか、こんな従兄弟を強く意識するようになっていた。彼は従兄弟の大人らしく、あざやかな行動を無視できなくなっていた。そして彼は自分の意思や行動の決定に際し、「従兄弟ならばどう考えるであろうか。」、「従兄弟であればどのように行動するだろうか。」などと、自問自答するようになっていたことは、皆さんにも容易に察していただけましょう。そしてついには、従兄弟の諸々の行動を自身が行動する際の参考とするようになっていったと、老爺は皆さんに話しているのである。

慶勝が藩主となってからの尾張藩の体制や家風の変化、第一次長州征討における鮮やかな仕置き、尾張徳川家における賢明な当主交代、尾張藩の巧妙な藩論統一と藩掌握などの一部始終は、慶喜の耳にも逐次届いていたに違いありません。慶喜が従兄弟の見事な事績について考え、参考にするようになっていったのは自然の成り行きであったと、老爺は見ているのだ。大げさな例えかもしれませんが、豊臣秀吉には織田信長が、徳川家康には織田信長と豊臣秀吉がいた。そして秀吉と家康のそれぞれは優れた先達からさまざまに学び、自分の行動の参考にした。このような学びにおける成果や失敗を自身の意思決定や行動に際し、上手に役立てていた。賢明な慶喜も何時しか、大御所などと同じことを始めていたのである。

○　学びの有り様

老爺はここで、このような学びの有り様について改めて一言補足しておく。特に、系統だった学びを受けた経験のなかった豊臣秀吉には、信長を始め、竹中（半兵衛）重治や黒田（官兵衛）孝高などの優れた先達や軍師たちから学んだことこそは最良、そして最善の学びであったと考えて差し支えないだろう。こうした学び方、学習法が秀吉を大きく育てていったと、老爺は推察している。なお、こうした事の説明では、秀吉自身が常に前向きな性格であり、旺盛な向学心をもっていた。彼のこうした有り様をまず指摘し、誉めておかなくてはなりますまい。人が偉人や先人から学ぶ、偉人や先人の成功や失敗の事例から学ぶ。これらこそは学びにおける極意であり、極致であると、老爺は実経験も有って、何時も強調している。

老爺はここで、似たような学びの話をもう一つ話しておこう。古都、奈良では今日も、「棟梁。」などと呼ばれている宮大工たちがいる。彼らは今も、それぞれの家で伝えられてきた、大工としての学びや、大工として知っておくべき知識など、諸々の事々を親や祖父などから手を取って教えられたり、あるいは口伝によって教えられるなどの方法によって学んでいる。そして、一人前に育って法隆寺などの修復において活躍している。我が国では他にも、匠、師匠などと呼ばれる人々が多々存在しているが、彼らもまた、それぞれの分野においてこうした独特の学びのあり方、有り様の下で育ち、大成し、大きな仕事を成し遂げている。そして彼等は今も子や孫などに、自分が学んだように教え、伝えている。

慶喜も大御所などのように、人生の先輩である従兄弟、慶勝の事績から学んだり、参考にするようになっていったと老爺は話しているのだ。彼の大政奉還、鳥羽・伏見の戦線からの離脱、江戸帰還、江戸城の無血開城、その前後の蟄居謹慎等々、彼はどの場合にあっても、慶勝の箴言、〝人とその命こそは何よりも尊く、大切である〟を同じように意識し始め、この意識を大切にして行動に反映させたと、老爺をみている。

○　慶勝に続いて幕府に引導を渡した慶喜

慶喜は大政奉還後、高須の従兄弟たちともども、大阪から幕府の軍艦で江戸にもどり、長い謹慎の日々に入った。彼のこの行動にあっても、彼自身がいろいろと考えた末のことであったと老爺はみているのだ。なお、彼の大坂からの突然の帰還である。彼はこの帰還に際し、近親の情に駆られて高須松平の兄弟を道連れにしたと老爺は見ている。これは老爺の慶喜贔屓《ひいき》なのでありましょうか。いや、そうではないと老爺は話しておく。

慶喜は自分たちが大坂から帰還した後でも、当然のこと、兵の数に勝っていた幕府軍が鳥羽・伏見において倒幕軍に対して大敗、惨敗するとは思ってはいなかった。彼ら、旗本や御家人たちは立派な武士であり、その出処進退は自覚しており、道に悖《もと》ることはない、武士の意地をみせたいはずだなどと彼は理解していた。しかし、幕府軍の指揮命令系統を始め、諸々の約束事がこれほどまでに弱体化し、惨めな状態に陥っているとは考えてもいなかった。惨敗するとは思っていなかったのだ。

老爺は例によって、彼のこの時、そして前後の思いや考え、そして行動について慶喜の心の内に立ち入っておもんぱかってみた。江戸に帰って謹慎に入った彼は考え、悩み続けていた。彼は幕府が自分が考えていた以上に劣化、弱体化していたことを思い知らされた。このような中、彼は武士政権の長、将軍として今後の有り様を考えた。錦の御旗を押し立ててはいるが、その実を言えば、〝武〟をひけらかし、無理押ししてくる倒幕派軍に対し、自らが彼らと同じ様に武でもって真っ正面から交戦し、対抗する。すなはち、フランスに指導を受けて整備されつつあった幕府の陸軍、そして幕府の艦隊を前面に立てて対抗、抗戦しようとするのである。

慶喜のこうした思案の一端を以下において披露してみる。海軍力においては圧倒的に勝っている幕府軍が、艦隊を中心にして応戦すれば、少し前に長州藩や薩摩藩が外国艦隊によって打ちのめされたように、彼らを打ちのめせるであろう。しかし、今や、尊皇倒幕を名のり、官軍に同調する藩の数も、従兄弟の尾張藩を始め、日毎に増え続けていた。よって、幕府の優れた艦隊をもってしても、戦いは長引き、停滞するに違いないだろう。

さすれば、薩州や長州などの影にいる英国や米国、さらにはプロイセンやロシアなどの軍隊や艦隊が戦いの渦中に飛び込んで来て、日本国の植民地化を念頭に、力押ししてくることも予想される。さすれば、この国はかって清国が経験したように、大変な事態に直面するだろう。こうして戦い続けている間に大変な数の人が影響を受け、多くの命が失われるであろう。これらの悲惨な事態は真の武人であれば、絶対に避けなくてはならない。彼はこれらの事々について各個に熟慮を重ねた結果、上野の山に立て籠もっている幕府直臣たちが中心を成している彰義隊からの強い誘いともきっぱり決別して、謹慎を続行することにしたのである。

慶喜は自分が謹慎し続けることこそが、戦いを大きくしないで、江戸百万の人々を守り、助けるる最善の方策だとの考えに至ったのである。水戸藩で沸き立っていた尊皇思想を幼年期より間近に見たり、聞いたりして育った彼も朝廷に恭順の意を表すことにしたのである。結局、彼も尾張名古屋の従兄弟、慶勝と同じ様に、人の命の大切さをおもんぱかった。加えて、〝錦の御旗〟にひれ伏したのでした。老爺はこの時の彼を以上のように見ている。老爺には、彼のこうした一連の行動に対しても、官軍東下の折、名古屋にあって苦悩し、判断した慶勝の心情と重ねて見える。なお、こうした事々も彼が謹慎し、冷静になって熟慮できた結果であったと言って間違いないでしょう。

慶喜はさまざまに考え、考え抜いた結果、慶勝と同様に、大御所に背き、〃徳川幕府の滅亡に手を貸した将軍〃となった。なお、誠に残念なことであるが、彼には佐幕派と言って良い、膨大な数の臣下たち、旗本八万旗がいたのだが、忠臣は出てこなかった。彼らの中から勝海舟以外には、彼の意を真に解してくれ、悩んでいる彼に対して適切に助言したり、ともに悩み、考えてくれる者は出てこなかった。この点は彼、将軍にとっては誠に寂しく、残念なことであったに違いありません。

○　慶喜の行動がもたらした成果

上述したような事々を実際に経験していたこともあって、慶喜も従兄弟の慶勝のように、事に当たり、独りでいろいろ考えて答えをだし、行動するのが普通のことになっていた。彼のこんな有り様に対し、「人を食っている。」、「生意気である。」などと、閣僚たちは陰で陰口をたたきながら仕えていた。千代田城の主である彼の大政奉還に始まる一連の行動は、結果として、名古屋城の主である従兄弟の東征軍の尾張領通過容認前後の行動をなぞっていたと、老爺は重ねて話すのだ。いずれにしても、慶喜の真の姿、苦悩のはての苦しい心情を皆さんに分かっていただけたらと、老爺は願って話をしている。

慶喜は晩年、静岡に引きこもって過ごした。彼はこの地で、従兄弟の慶勝の晩年がそうであったように、趣味に明け暮れする、静かで、穏やかな日々を過ごした。ついでに、こんな彼の趣味であるが、写真（写真鏡）、油絵、狩猟などであった。彼は趣味においても年長の従兄弟、慶勝をなぞり、偲んでいたように老爺には思われる。いや、これは単なる偶然の一致であったのかもしれない。いずれにせよ、老爺のような凡人には分からない、二人に共通した殿様ならではの有り様が写真などの趣味へと導いたのかもしれません。老爺の慶喜に対する興味と疑問は、慶勝に対する興味や疑問と同様、尽きることはありません。

何はともあれ、幕末の動乱の中で尾張徳川家の慶勝が、続いて江戸徳川宗家の慶喜が大胆な決断を導きだし、それに沿って行動してくれたことにより、幕末期の日本国と国民は救われた。この結果、日本の国は隣国、清国の場合とは違って、国力を大きく弱め、損なわなかった。また、社会の諸々の基盤を大きく損なったり、失うこともなかった。そしてその後の時代に臨めた。加えて、彼ら二人の決断によって、日本の国では倒幕派と佐幕派が徹底的に戦い、いがみ合うことが回避できたので、国や国民の二極化、いわゆる分断を避けられたのを特に評価しておきたい。

こうした好ましい成り行き、分断が避けられたお陰もあり、日本の国はこの後、両派から、いや、全国各地から秀才、俊才を総動員して以降の国難や、国の遅れなどに立ち向かうことができた。オールジャパン体制の結果、いくつかの手痛い紆余曲折を経験することもあったが、多方面に渡って近代化を急速に推し進められた。そしてついには、日本は東洋において最初に欧米先進諸国に並ぶ国へと速やかに変身できた。

話のついでに、老爺の唐突な話を皆さんに披露してみる。慶勝は徳川幕府が大御所の人事における申し置き、すなはち、長幼の順、家格の順が幕末の世まで尊重され、厳守されていたら、慶勝は慶喜に代わって、十五代将軍になっていたと考えられる。さすれば、慶喜に代わった将軍として、彼は如何なる舵取りをしたであろうかと、老爺はこんな思いを馳せたことがある。彼が中心となって取り仕切った幕末史をみてみたかったとの思いを、ぬぐい切れないでいる老爺である。

○ 二人目の恩人、慶喜、そして彼の吉宗観

慶喜が最終的な決断と決定にいたった苦悩に関わる話をいま少し続ける。彼は特に吉宗がねじ曲げてしまった徳川幕府、すなはち、日本の国を背負い込んでしまった。彼が見るところ、この国は吉宗後継将軍を含む歴代将軍たちの無為無策により、西欧諸国から大きく遅れてしまっていた。また、統治組織としての幕府も、問題がいたるところで噴出し、気息奄々《えんえん》の重篤の態に陥っていた。

慶喜が徳川幕府の政について言い添えれたとすれば、時代は内憂外患の緊急事態、激動の時代に突入していたので、幕府を手直しし、立て直している暇《いとま》は最早、なかった。加えて、吉宗がこだわった血脈

も、宗家ではわずか五代で、もって絶えていた。そこで、宗家は吉宗が改めた御三卿の一つ、一橋家から家斉（後の十一代将軍）を継嗣として迎えて取り繕った。しかし、この血脈も二代先の将軍、十三代家定でもって絶えた。

聡明な慶喜は吉宗の血脈のことだけでなく、自分が舵をとりだした幕府が処々方々において、歴代将軍の失政の結果が露呈し、深刻なほころびが目立ち、機能不全と化していたことにも当然、気づいていた。また自分が引き継いだ徳川幕府が大御所時代の幕府とは全くの別物へと変わりはて、見る影もなくなっていることにも気づいていた。こうした事々を彼自身が実体験することも日常茶飯事であった。加えて、従兄弟の慶勝が名古屋で思い切った決断を下し、討幕派に組みしてしまった。これらの事々から、彼は幕府に維持し、継続させることをあきらめざるをえなかった。老爺は彼の胸の内を以上のようにおもんぱかり、そして憐憫《れんびん》の情の中にいる。

慶喜は、今も話した徳川幕府の諸々の状況を鑑みて、この幕府には終止符をうつと決した。すなはち、政を朝廷に返上することに決めた。この結果こそが大政奉還の一大決断であった。日本の国を統治する能力がおぼつかなくなっていた幕府は潰さざるをえなかった。そして、後を新政府に託すことにした。一方、徳川宗家という家は残した。養子先の家は残して自分の役目を果たしたのだ。彼は彼なりに熟慮を重ねた末に、自分の務めの最後をあざやかに締めくくったと言ってもよいだろう。彼は凛々《りり》しい侍の長、武士の長というよりは、政治家として賢く行動したと、評したい老爺なのである。

ところで、巷《ちまた》では名将軍だとして評価されている徳川吉宗であるが、こうした評価について、老爺はここで改めて、「否。」と言っておく。彼に加え、その血脈の歴代将軍、御三卿、そして彼らに仕えた閣僚たちの浅知恵、思慮不足、小細工のし過ぎ、さらに言えば、努力不足が、大御所が深い思いを込めて開いた徳川幕府を急激に変貌させ、崩壊を早めたと、老爺は結論づけざるをえない。老骨が今、〝浅智恵〟と言った根拠についても説明しておく。

江戸幕府の四代目以降の将軍たちの誰もが、大御所が長い生涯を通して修得した経験や事績を調べて学ぶ、そして学んだ成果を自分の政に反映させるようなことはなかった。したがって、大御所の幕府にも不備、不全な点は多々あったし、その後の幕府が生み出した不備不全もそれ以上にあったが、彼らは誰も、これらを改めたり、補ったりすることはなかった。彼らに対して少し気を遣って言い換えれば、彼らは自分勝手に大御所や先輩将軍は非の打ち所のない将軍であり、彼らの行いやあやまちに立ち入るのは恐れ多いことだと決めつけ、総ての事々をずるかしこく祭りあげてしまった。

つまるところ、大御所後継の将軍たちは、都合のよい時には、大御所という人は絶対無比の存在であった。彼を疑がうことは恐れ多いことだと、姑息にも、祭り上げていたとしか考えられない。彼らのこのような身勝手な事実もあり、老爺が徳川幕府の歴代将軍のほとんどを一言で評すれば、彼らは政は他人任せにし、自分たちの幕府の終焉に向けて日々、惰眠をむさぼっていただけだと、まとめざるをえません。

特に、老爺が話しておきたいのは、吉宗とその血脈の将軍たちである。家重を初めとする彼の後継将軍らはいずれも、武士が司る政権の長、最上位にある為政者としては学び不足であり、思慮不足であり、加えて力量不足でもあった。よって彼らには、政はこれを私し、小ずるく立ち回るようになっていた閣僚たちに丸投げせざるを得なかった。その彼らも尾張徳川家に次々に送り込まれた、ぐうたらな養子たちと何ら変わるところはなかった。加えて、吉宗、その血脈将軍たち、御三卿たち、加えて彼らを陰で欺いていた閣僚たちの思い上がり、小賢しさの積み上げが尾張徳川家はもとより、水戸徳川家や御家門の諸家をも、徐々に向こう岸（尊皇派）に追いやっていたのである。

こうした事々の結果、吉宗後継の将軍たちは揃って、徳川幕府の寿命を縮めるために励んでいたと、老爺は結論づけざるをえません。皆さんのご見解は如何なものでしょうか。最後の最後まで、落日、落魄《らくはく》の徳川宗家や徳川幕府に対して真摯につきあっていったのは、この後で詳しく話すことにしている会津松平家の藩主、松平容保を初め、その臣下の面々だけであったと言ってもよいかもしれません。また、徳川幕府の歴代将軍たちについては後ほど、少し視点を変えて改めて触れなおすであろう。

◎　西郷　隆盛

○　徳川慶勝に関わりのあった西郷隆盛

賢人、徳川慶勝がその人生において出くわした傑物がもう一人いる。その人の名は西郷隆盛である。彼、隆盛は第一次長州征討の折、征討軍の大総督題であった慶勝の下で、征討軍総参謀としてつき合い、彼の思いや願いを受けて長州藩と談合をかさねて征討の早期終了に貢献するなどがあり、親密に交流した。老爺はおいおい話すが、彼もまた、慶勝から影響を受けた人物であることに違いありません。隆盛が慶勝と関わり、彼から受けた影響についても話しておきたい老爺である。

○　隆盛の幼少期

西郷隆盛の略歴をまず話しておこう。隆盛は幼名を吉之助（通称は父と同じ吉兵衛）（小吉と呼ばれた時期もある）といい、文政十年（１８２７）、薩摩の国、鹿児島の城下、下加治屋町において生まれた。彼の父は吉兵衛隆盛といって、薩摩藩では城下士と呼んでいた上級武士であったが、家は貧しかった。母は名を政子といった。ついでに、吉兵衛と政子の間には七人の子があり、男子は長男吉之助、そして弟に従道、吉次郎、古兵衛の三人がいた。なお、彼の十六才年下の弟、従道《つぐみち》であるが、彼は明治政権内に在り続けて海軍大臣、内務大臣などの要職を歴任し、五十九才で没している。また、他の弟たちであるが、吉次郎は戊辰戦争で、そして同小兵衛は西南戦争でそれぞれ戦死している。さらに、従兄弟には大山巌（日露戦争で活躍）がいた。この大山家と西郷家は二重、三重の縁戚関係で結ばれていた。

吉之助は口数の少ない心優しい性格の子でした。また、彼は幼少時から、他の侍の子たちと同じように薩摩藩独特の武士子弟の教育制度であった〝郷中《ごうちゅう》〟と呼ぶ塾において学び、そして鍛えた。さらに長じてからはお先師（先輩、教師）として後輩たちを指導、教育した。なお参考までに、当時の薩摩藩における郷中教育であるが、武士たちの居住地区ごとに郷中は存在しており、郷中における教育成果を競わせる機会も多々あったという。

薩摩藩の武士のための教育制度である郷中について今少し話しておく。まずは郷中に入って学ぶ時期と期間である。いわゆる入学時期は普通、六歳頃に始まり、二十四、五歳まで関わり合うのが多かった。塾生は年齢とともに呼び名が変わった。小稚児《こちご》（六、七才から十才）に始まり、長稚児《おせちご》（十一才から十四、五才）、二才《にせ》（十四、五才から二十四、五才）などと呼ばれていた。長期に渡ってのグループ教育を受けることによって薩摩藩の武士たちはこの藩独特の侍として育ち、藩侯と藩に仕えるようになった。また、同じ郷中で学び、育った者たちは大変まとまりが良く仲がよかった。

参考までに、吉之助の生まれた下鍛冶屋町にも郷中は存在し、彼は長きに渡ってこの郷中と関わりをもった。したがって、彼の心情や信条は薩摩武士そのものであったと言って間違いなかった。下鍛冶屋町の郷中には今も話題にした大山巌（日露戦争時の満州軍総司令官）を始め、東郷平八郎（日露戦争時の連合艦隊司令長官）、黒木為禎（日露戦争時の第一軍司令官）などが育っている。後に国の命運を背負うことになる面々がこの郷中で、吉之助などから学び、競い合っている。巌、平八郎などは彼を兄のように慕っていた。なお参考までに、大久保利通は最初は別の地区で生まれ、そして育ったが、後に下鍛冶屋町に移ってきた。そして吉之助とは肝胆《かんたん》相照らす仲となった。

吉之助は十三歳の時、友達と喧嘩し、右肘の腱を切断してしまった。このために彼は刀を自在に扱えなくなった。剣の道の修行を諦めざるをえない身体となった。以降、彼は剣道修行はあきらめ、学び、勉学に一段と精を出すようになった。ただ、今も述べたように、彼の心情は侍そのものであった。彼は身長も今風に言えば百八十センチメートルと伸び、まさに偉丈夫と呼ぶにふさわしかった。二十六才となった彼は伊集院スガと結婚した。加えて彼は父の名、隆盛をついで名乗るようになった。

○　隆盛の始動

二十八才となった隆盛は、時の薩摩藩藩主の島津斉彬《なりあきら》に見いだされ、お側衆として仕えるようになった。その後、彼は斉彬の参勤交代に従って江戸にむかった。斉彬の義理の娘、篤姫の十三代将軍、家定への嫁入りに際しては斉彬の指示に従い、裏方として懸命に働きし、得難い経験を積んだ。斉彬は在府中、徳川斉昭を初めとする開明派の大名諸侯と交流、交歓を重ねていた。こうした折に、彼は斉彬のお供をすることも多々あった。そして彼は斉彬によって紹介され、こうした大名たちにも名を覚えられていった。

隆盛はこのような中で、徳川慶勝との拝謁を果たした。以降、彼は主君が信頼をおいて交流している慶勝に対し、彼も尊敬と信頼の目でもってみるようになったことは予想に難くありません。彼は斉彬に仕える中で、当時、開明派と目されていた大名諸侯に名を知られるだけでなく、各藩の俊才たちとも知己《ちき》となり、人脈を広げていった。例えば、福井藩の橋本左内などもこうした人々の一人であった。彼は斉彬の力添えもあって、人として、人間としての厚みや深みを増していった。

隆盛は江戸において、斉彬の命を受け、十四代将軍、家重の継嗣問題では一橋慶喜の擁立運動に東奔西走した。こんな中で安政五年（１８５８）には彼が心底信服し、命を預けていた斉彬の頓死に遭遇し、落胆、落涙した。この時、彼は殉死を決意したが、友人であった僧、月照に諌められ追い腹するのを断念した。この折の彼の落胆は想像するに余りあった。加えて、彼の活動は井伊直弼の幕閣への登場、そして安政の大獄によって頓挫させられてしまった。その上、彼は福井藩の橋本左内と同じように直弼に目をつけられた。すなはち、幕府から追われる身となったのだ。そこで、彼は同志である月照と鹿児島に逃げ帰った。なお、彼が肝胆《かんたん》相照らすようになった左内は安政の大獄において斬首の刑に処されている。

○　試練の下の隆盛

隆盛が鹿児島にもどった時、薩摩藩の藩論は新藩主久光の下、佐幕論に傾いていたので、公武合体派とみなされていた隆盛には身の置き所がなかった。藩からも追われる身となった。せっぱ詰まった彼は友人、月照とともに鹿児島湾に身を投げた。しかし、天は彼を見放さなかった。彼は助けられたのである。その後、彼は改めて、奄美大島に流された。１８５８年（安政五）の出来事である。

奄美大島で四年を過ごした後、隆盛はようやく赦されて鹿児島にもどることができた。彼の赦免の最大の理由は大老、井伊直弼が浪士たちによって暗殺されたことであった。尾張徳川家の慶勝の復活と同じ頃のことでした。また、この時、藩は尊皇派に転じていたことも彼の赦免を早めた。豪放な彼は尊皇攘夷運動を開始したが、彼のこうした活動は小心な島津久光にきらわれることとなった。参考までに、隆盛と久光は終生、そりの会わない犬猿の仲であった。その結果、彼は再度、沖永良部島に流されてしまった。彼はこの地でさらに四年を過ごすことになったのである。彼はこの間に学びを深め、恋もして島娘、愛加奈との間に子までもうけている。

この間、１８６３年（文久三）には鹿児島で薩英戦争があり、薩摩の攘夷運動は頓挫せざるを得なかった。隆盛は１８６４年になってようやく赦されて鹿児島にもどった。そして彼は薩摩藩の藩論を尊皇でもって統一してしまった。直後の金門の変や第一次長州征討では、朝廷の願いもあって、佐幕派に立って行動をした。このような中、同年の第一次長州征討では大総督、徳川慶勝と行動を共にした。そして彼は総参謀として慶勝の命を受けて働いている。斉彬とは違ったタイプの上司、徳川慶勝の下で学び、経験を積む機会を持ったのである。この折の勤めもまた、彼の血となり、肉となったことは改めて言うまでもないでしょう。

話は少しさかのぼるが、隆盛は敬愛していた主君、斉彬を早い時期に失ってしまったことで、長い間、京都や江戸などでの活動の機会を取り上げられてしまった。しかし、彼は先の奄美大島でもそうであったが、沖永良部島においても一人静かに学びと思索を深める時を手にしていた。彼はこうした日々の中で、これまでの行動を反省するとともに、将来に対して構想する時をもつことができた。これも天の配剤であったと言うべきであろう。彼は徳川慶勝のように、逆行、逆風の時を投げやりにはしなかった。来るべき時に備えて充電、充実の時としたのである。

人という生き物は苦難、雌伏の時の過ごし方によって、その後の人生が大きく変わるものである。隆盛は彼なりに道を開こうと苦悩し、苦闘し、そしてその先の糧としたのである。ただ、斉彬が存命であれば、彼は海外での遊学の機会をも持てたのかもしれません。これは彼にとっては残念なことでした。

彼には終生、外国留学の機会は巡ってこなかったのだ。彼が進んだ西欧諸国を直接目にしなかったことが彼の明治になってからの考え方や行動に大きな影響を及ぼしていったと老爺は理解し、残念なことに思っている。

○　隆盛の復活と挫折

慶応二年（１８６６）の第二次長州征討の折には、隆盛と薩摩藩は一転して、討幕派として行動をし始めた。これは長州征討の半年ほど前の１月には、坂本龍馬の仲立ちもあって、薩摩藩が長州藩と連合の盟約を交わした結果である。彼は日本人同士の戦いを避けたかった、一刻も早く終わらせたかった。よって、彼は第二次長州征討においては速やかに戦いを終えるように態度を変えたと老爺はみている。加えて、彼はこの時、倒幕派として行動に徹すると最終的に決めたのでした。

隆盛がこのような決断を下した陰には、第一次長州征討の折、徳川慶勝がみせた考え方と行動があったと、推察している老爺である。彼は徳川慶勝から少なからず影響を受けた、学んだに違いないと老爺はみているのだ。なお、対する徳川幕府の側は十四代将軍家茂の頓死、もあって、第二次長州征討を中止せざるをえなくなった。この結果、長期間に及ぶ血みどろの死闘が避けられた。

倒幕という大きなうねりの中心に居座った隆盛は、以降、盟友である大久保利通とともに王政復古に向けて働くことに決した。この頃、王政復古に向けて舵をきったのは薩摩と長州だけではなかった。土佐や肥後なども加わったからである。この後、彼は二年に及ぶ戊辰戦争において大総督参謀として、官軍を適切に主導し、討幕派の勝利へと導いていった。彼は何時しか、豪放磊落《らいらく》から沈着冷静な男へと変身していた。

特に、江戸城総攻撃の危機の折には、隆盛は幕府側、慶喜から全権を委任された勝義邦（号を海舟）と会見し、江戸城の無血開城に同意し、実現した。これは徳川慶勝の尾張名古屋での折と同じ様に、人の命の重さを考えての処置であったと老爺は評している。彼に言わせれば、自分は人として当然のことを行ったまでだと答えたかもしれません。彼は人本来の人命尊重を実行し、実現したのである。

ここで、隆盛の江戸城無血開城時の心の動きに注目してみたい。彼は幼少時の怪我によって、剣の道よりも政の道に興味を持つように変ったと見てもよいであろう。また、彼は二度に渡って流刑に処せられており、封建制度下での専制君主や政治の理不尽さも身をもって経験していた。彼の心の内には古い体制の打破を急がねばならないとの思いが日毎に大きなものとなっていたに違いありません。彼のこうした思いが、江戸での一大決戦を思いとどまらせた。加えて、戦いの長期化、泥沼化を避けたかった。彼もまた、慶喜とは違った立場で政治的な判断をし、早期決着をしたと老爺は評価している。

隆盛はこの折、奥羽越における戦いも早く終わらさねばならないと改めて決意したことであろう。何故ならば、彼は流刑中であったので、直接関わることはなかったが、鹿児島における欧米軍の強さ、怖さを聞かされ、よく理解していたからである。加えて、徳川慶勝が尾張名古屋で思い切った決断をくだした。すなはち、政治的な判断をくだしたことも彼の念頭にあったに違いありません。こうした事々が海舟との会談において、江戸城無血開城へと彼の背中を押したに違いないとみている老爺である。この折の彼は真の侍の心を前面に押し出しており、〝窮鳥《きゅうちょう》ふところに入れば、猟師も殺さず〟といった寛大な心境でもって断を下したと、老爺はみるのだ。

１８６７年の12月に王政復古の大号令が発せられ、時代は明治と変わり、江戸も東京と呼ぶように変わった。また、１８６８年には函館、五稜郭における戦いも、官軍側の勝利でもって終了した。二年に及んだ戊辰戦争も官軍の勝利でもって終わったのだ。そして武家が統治する時代は終わった。明治元年（１８６８）には、元勲たちも新しい王政復古体制の下、新しい役職に就いて国を導き始めた。隆盛始め、多くの元勲たちは〝参議（官位四位以上の職）〟の重職に列せられた。

元勲たちの位は、任命された時期は違っているが、皆横並びであった。新政権の頂点は当然のこと、天皇であった。以下、総裁には有栖川熾仁親王《ありすがわたるひと》、太政大臣には三条実美、左大臣には島津久光、右大臣には岩倉具視が占めた。そして、彼らの政府は廃藩置県を断行し、国の歩みをさらに一歩前進させた。しかし、国内には成さねばならないことが山積であった。同様に、日本を取り巻く国際情勢も問題山積みであった。彼ら参議の者もこうした仕事に誠心かつ誠意をもって取り組んだ。

○　ロシアの南下と征韓論

さて、西欧先進諸国による植民地獲得競争は一段と激しくなり、加速していた。こうした状況の中で特に、プロイセン（後のドイツ）とロシアの両国はこの競争において出遅れていたので、必死に動いていた。特に、ロシアである。この国の国土の過半は厳寒の北方地域を占めていたので、南へ進出したい、冬に凍ることのない港がほしいと願っての動きは半端ではなかった。清国の衰退が歴然としていた極東においても、この国は満州地方、そして朝鮮半島の植民地化を虎視眈々《こしたんたん》と窺う気配を隠そうとはしなかった。なお、ロシアはすでにこの時点、明治の始めには、清国から沿海州をせしめ取っており、ウラジオストックに港を開設していた。こうした事態は新生日本にとっても、座視できなかった。ロシアの南下政策は新生日本国の政府を大きく二分する大問題となっていた。

ロシアの強引な南下政策に対する日本の対策である。その第一の気掛りは韓国、李氏朝鮮國の有り様であった。そこで、日本は同国が早急に近代化することを願った。当初、日本国政府は朝鮮に対して外交文書を送って開国と近代化を急ぐように申し入れた。しかし、この動きは朝鮮側に誤解されてしまい、文書の受け取りを拒否された。そこで、隆盛は自分が遣使（特使）として同国に出向き、談判してくる、そして駄目であるならば、朝鮮出兵もやむなしとの意見を披瀝し、実際に動き始めた。彼の渡韓をめぐって、政府閣僚たちの意見が真っ二つに割れた。

隆盛を筆頭に、板垣退助、江藤新平らは特使派遣を強く主張した。対する大久保利通、岩倉具視、木戸孝充らは、派遣は戦争のきっかけとなる、また列強からにらまれ、付け入れらる、さらには欧米との不平等条約解消に関する動きに差し障るなどとして反対した。その後も、本件はいろいろ話し合われ、隆盛らは論破されてしまった。そして隆盛、新平、退助などは下野した。政府は事実上分裂した。この騒乱を歴史家は〝征韓論政変〟と呼ぶようになった。１８７３年の出来事である。

征韓論政変において両陣営の議論の分かれ目となった論点を整理しておこう。経験豊富な隆盛には朝鮮との戦争になることはわかっていた。彼の心の内には「維新後、武士たちの地位が著しく低下し、「これでは維新における功労者である武士たちがかわいそうである。」との思いが中心を占めるようになっていた。彼はこうした武士たちが一花咲かせる、手柄をたてる地として朝鮮半島に目を向けたのだ。この折の隆盛は武人、侍そのものでした。対する利通たちである。彼らにとって必要なことは、一刻も早く商工業を興し、日本国の社会資本を整えなくてはならないとの商工業重視政策に立脚していた。よって、戦争をしている余裕はこの時点ではないとの立場に立っていた。

反対派にあった利通の心中にはかの徳川慶勝の思いと同じ、「遅れている日本を早く近代化しなければならない。」との思いが心の中心を締めていたようだ。対する隆盛であるが、朝議に敗れていさぎよかった。彼は侍であったのだ。なお、参考までに、政府側であるが、翌年、琉球島民が殺害されたと言って台湾に西郷従道らを派遣して鎮圧している。政府側の対応も結局、場当たり的であった、事態毎に揺れ動いていたと結論づけざるをえなかった。老爺が見るに、政府側も日々手探りで政治を進めていた。

○　隆盛と西南の役

隆盛は下野後。古里、鹿児島にもどった。そして私学校を開設し、後進たち、すなはち若者たちの指導に余生を賭けることにした。彼の胸中には若き日の郷中の教育があったのだ。対する政府側であるが、1872年には兵部省を廃し、陸軍省と海軍省を置いた。加えて、翌年には徴兵令を公布した。さらに、1875年には徴兵令を改正し、国民皆兵とした。政府は国軍の創設と兵制の整備、充実などを最優先事項にして軍事強化に向かって邁進し始めていた。かっての隆盛一派と立場が入れ替わったような有り様であった。一方の隆盛の私学校には彼の本来の思いとは違って不平不満を抱えた元士族が集まり来るようになっていた。

このような状況にあった1874年に、隆盛と一緒に下野した江藤新平が古里の佐賀において旧士族とともに蜂起した。しかし、隆盛は彼らを助けようとはしなかった。この時点では、私学校は隆盛の制御が良く効いていた。もう一方の政府側は新平らを問答無用にと、武でもって圧殺、鎮撫した。首謀者とされた新平を刑死に処した。参考までに、もう一人の下野者、板垣退助は土佐に帰り、立志社を興して自由民権運動を推進し始めていた。

隆盛の私学校ではその後、鹿児島の士族を中心に政府の旧体制の解体政策に反対し始めた。時の鹿児島県令もこの私学校を積極的に支援し始めたので、この時期の鹿児島は一種の独立国的な状況が始まり、士族支配体制が強まっていた。同じ頃（１８７６年）、余所では神風連の乱、萩の乱、秋月の乱など士族による騒乱が立て続いて勃発したが、西郷はいずれの場合も動かなかった。彼ら士族を助けようとはしなかった。これらのこともあり、いずれの反乱に対しても政府軍は容赦なく、力ずくで鎮圧した。そして、政府の目は鹿児島に向けられることになった。

明治十年（１８７７）一月、明治政府に対する不平士族たちの最大かつ最後の反乱が始まった。隆盛が鹿児島で設立した私学校の生徒が中心となって二月に挙兵した。これを機に、九州各地の旧士族が呼応して、その勢力は二万五千を数えたとされている。いわゆる西南戦争が始まったのだ。二万五千という大軍が谷千城《たてき》が守護する熊本鎮台（熊本城）を取り囲んだ。熊本城を巡っての攻防は五十日に及んだ。政府が援軍を続々送ったこともあって、政府軍は田原坂での決戦を制することができ、戦いは政府軍有利へと転じた。西郷軍は鹿児島に引き返し、城山に立て籠もることになった。同年九月二十四日に政府軍の総攻撃を受けて西郷軍は壊滅した。この最後の戦いの中、隆盛も自刃した。

富士山のような西郷隆盛という大傑物の晩年の活動は、正直なところ、凡人である老爺にはよく分からないのだ。彼は島津斉彬、徳川慶勝、橋本左内、坂本龍馬、大久保利通などのそうそうたる人物たちと交わって人間を磨いた。その後の歴史の表舞台でも、主役を演じたことも多々あった。こうしたことの前に、彼は苦節八年という堪え忍ぶ時も経験した。いわゆる、人生における全てを知り尽くしていた人物であった。欠けていた事と言えば、進んだ海外を見聞しなかったことくらいであった。こんな彼が意外な結末を迎えたのが老爺にはよく分からない。何故に命を粗末にしたのであろうか。なお、西南戦争では三万人以上の死傷者が出ているのだ。

老爺がみるに、戊辰戦争における歴戦の勝者である。その隆盛らしからぬ挙動が西南戦争の折には随所で見受けられるのだ。例えば、熊本城攻めだけに五十日もの時をかけたことである。彼が全軍を完全に掌握して指揮していたのならば、この愚行はあり得ないことなのだ。彼は維新前後のように、先頭に立って積極的に動いていなかったと老爺にはみえる。かっての彼であれば、熊本城に固執することなく、戦線の分散や拡大を計ったに違いありません。しかし、彼は何故だか、積極的に動いていないのである。数多の修羅場をくぐり抜けた彼にしては、どのように見ても、動きが悪かった。

西郷隆盛という御仁は、間違いなく、幕末期における最大の傑物である。彼がその気になれば、日本国津津浦々から人と物が集まってきて、事を成せるような大きな人物となっていた。その一方で、彼は周囲から担がれれば、地獄までつき合ってやろうとの心がまえの武人でもあったと見てよいだろう。こんな彼が何故、甘んじて不逞士族たちの首魁となったのであろうか？

表現が不穏当なのは承知の上で老爺は話しているが、隆盛は新生日本のために、新しい時代に馴染めない、新しい時代にはお荷物となるような士族たちをまとめて、一気に大掃除してくれたかのように、老爺には見て取れてしまうのだ。彼は征韓論政変の折にも、士族たちが最後の花、死に花を咲かせる場として韓国を思い描いていた節があったからである。いずれにしても、彼の人生終盤での勝つ見込みのない、死を意識した武士としての挙動が分かりかねて、悩んでいる老爺である。

以下は老爺の西郷隆盛の一生に対する見解である。江戸時代に儒教思想による梃子《てこ》入れもあって完成できた武士道である。この道においては、忠誠、犠牲、信義、廉恥《れんち》、礼儀、潔白、質素、倹約、尚武、名誉、情愛など心情と行動を重んじ、大切にしたとされている。隆盛は子供の時の怪我によって剣の道は極められなかったが、郷中教育の中で武士道におけるいろいろな心の道は広く、かつ深く学んで極めていたに違いありません。

隆盛は薩摩藩独特の郷中教育に深く影響を受けた。ここでの学び、そして修得した武士道の心をもって、人生の折々を果敢《かかん》に行動し、生き抜いた。このような彼は自分の人生の最後にあっても、今も話した武士の心でもって事々に臨んでいたのではないだろうか。そして死をいさぎよく受け入れてしまった。彼は侍として生涯を終えたのだ。老爺は、彼の人生最晩年における言動と行動を以上のように考え、結んでみることにした。彼は政治家、そして人道家として人生を行動し通した徳川慶勝とは真逆な人生終盤を粛々《しゅくしゅく》と迎え入れていった。対する慶勝は隆盛とは違って、生粋のお殿様生まれであって、侍とはほど遠かったので、政治家として英断をいくつも下して人と国を守った。

○　徳川慶勝とは

またも老爺の話は長い長い道草をしてしまったが、老爺はここらで、第三話をまとめておく。徳川慶勝は天賦の才に恵まれて生まれた。それを頼りに学びと経験を積み、深めることによって人間を磨きあげた。彼は人を尊重、慈しみ、その命を大切にしながら、いくつも大業を成し遂げて六十年の天寿を全うした。

慶勝の数々の大業は日本史上比べる者が全くなく、すばらしいことばかりであり、覇業と言って間違いありません。彼の正々堂々たる生涯、加えて、軽妙にして洒脱にと枯れた人生終盤に対して老骨は結びの言葉を、深い敬意と謝意をこめる。そして、ここにおいて改めて感謝と尊敬の言葉を述べて、第三話を締めくくっておく。

徳川慶勝公である。公は幕末の大動乱の中、今の世に名を残しているような師や参謀を傍《かたわら》におくことはなかった。彼は天性の才を、自身の熱心な学びを繰り返すことによって磨いて得た知恵と知力を元に果敢に活動した。すなはち、彼は活動の経験を次の活動における糧としながら、生れもった胆力を頼りにし、自分のペースでもって数々の活躍を積み重ねた。彼の一連の活動と功績の陰には、〝人は互いに助け合って生きる者、人はすべからく尊く、大切な者〟との箴言《しんげん》があった。彼は終には、大英断をもって徳川宗家との柵《しがらみ》を断ち切った。そして、彼は仁の心、慈しみの心を前面に掲げて、日本国とその民たちを救い、守った大恩人ともなった。加えて、彼は世界から遅れていた日本を国力を消耗させることなく、守ってくれ、次世代に託した。

慶勝は希有な大働きを終えた後は一転して、潔かった。世俗に紛れ込んで、静かで、充実した余生を堪能した。こんな彼の人生の終盤こそは古今東西にも例を見ない、すがすがしい賢人の余生である。これまでの日本における英傑、英雄が行ったことのない、いさぎよい理想的な生き様でした。このような慶勝には、時だけでなく、神や仏も味方していたように老爺には思われる。この点もまた、稀有なことでした。明治十六年没、享年六十才。

第四話　高須、松平家の三人の弟

老爺の物語はここから、徳川慶勝が颯爽《さっそう》、かつ巧妙に世渡りした生涯に最も長く、敬愛、恵愛の心で相互に深く関わり合った人々、三人の弟たちの事績紹介の部へと変わる。日本史上屈指の激動期を必死に生き抜いて幕末史を彩った彼らの事績を中心にして語り進めてゆくことにする。

◎　一橋茂徳《もちなが》（徳川　茂栄《もちはる》）

○　茂徳の登場

老爺の物語の第四話において、最初に登場してきたのは美濃、高須松平家の五男の茂栄である。彼は兄の慶勝より七才年下でした。彼も兄と同じように勉学に勤しみ、博学の域、博識の士と呼んでも良い域に達していた。ただ、彼は兄とは違い、控えめでおとなしい性格であったので、胆力や覇気などとは無縁の人であった。

慶勝が尾張徳川家の十四代の当主として活躍し始めた頃、弟の茂栄は生家の美濃、高須松平家を継いでいた。その後しばらくして、兄、慶勝は大老、井伊直弼が主導した安政の大獄事件において標的の一人とされ、隠居、蟄居させられてしまった。徳川幕府は尾張徳川家の緊急事態を受けて、彼、茂栄を尾張徳川家当主の後任者として推挙してきた。彼は幕府の周旋を受け入れて尾張徳川家の十五代の当主、そして尾張藩藩主になった。

茂栄は母、規のはなむけの言葉に送られて、尾張徳川本家に入った。そのはなむけの言葉とは、「身体を大事にされよ。」「御本家のために働きなされ。」「慶勝を疎かにしてはなりません。何か困った折には兄上を頼りなされ、お知恵とお力を借りられよ。」等々であったであろうか。子にとって、母親とは実にありがたく、頭の下がる存在であると、彼は思いを新たにしながら、黙って母を見つめていた。

茂栄は尾張藩藩主として十四代将軍、家茂《いえもち》に拝謁して面談を重ねているうちに、家茂とは馬があうことが分かってきた。家茂もまた、温厚であり、謙虚な性格の彼を信頼するようになり、頼りにし始めた。このためであろうか、彼はこの時期に、名を茂徳と換えている。彼は心を新たにしたかったのであろうか。彼は、尾張藩藩主としてあれやこれやと務めを果たしているうちに、一年余りの時が過ぎていた。事件はまだ雪の舞う早春に突然、出来《しゅったい》した。江戸城の桜田門の門外において大老の井伊直弼が水戸などの脱藩浪士たちによって暗殺されたのだ。そして、この余波が尾張藩主の彼にも及んできた。

○　茂徳と慶勝

突然の桜田門外の変の後ほどなくして、尾張徳川家十五代藩主の茂徳は蟄居から解放された兄の慶勝と長い話し合いをした。話し合いの内容は、尾張藩と宗家の軋轢《あつれき》、尾張藩自体の現状、切迫してきた日本国の現状、尾張藩の今後の有り様、日本の国の今後の有り様等々であった。二人は諸々の問題について長い時間をかけ、じっくり話し合った。彼、弟は、今も紹介した内容一つ一つについて、兄が日頃考えている思いや考えを順序立てて聞かされた。と同時に、問題ごとに彼自身の思いや考えを問われ、尋ねられもした。

兄、慶勝との長い話し合いを重ねた結果、弟、茂徳は尾張徳川家の当主の座を退くことにした。彼は日頃から自分の技量、性格をよく自覚していた。また、彼はこうした一方で、兄の力量を誰よりもよく知り、高く評価するとともに、尊敬してもいた。したがって、彼は甥の義宣《よしのり》（慶勝の子）に藩主の座を譲ることに同意した。そして兄が幼い義宣の後見人となって尾張藩にもどることにも同意した。このようにして彼は慶勝が事実上、尾張藩を掌握し直して復権、復活するのに手を貸したのである。

ここで、慶勝による茂徳説諭の主要内容を老爺なりに、より具体的に推察し、披露しておく。尾張の国とその領民は大切である。日本とその国民も同様に大切である。尾張家は宗家から必要以上に疎んじられてきたので、家臣たちは宗家の仕打ちに対して不満をつのらせ、反動的に尊皇意識を必要以上に高めている。欧米諸国は著しく進歩している。欧米諸国はその進歩した力をひけらかせて日本に諸々の事柄において無理を言ってきている。対する日本はひどく遅れていて、弱体である。欧米諸国はこんな日本を属国、植民地にしようと虎視眈々と狙っている。こうした日本もやっと目覚めて生まれ変わろうとしている。尾張藩は大御所から特別の願いを託されている。尾張藩もこうした危難や変革に備えねばならない。尾張藩々主は藩と家臣たち、そして領民たちを守りぬかねばならない。尾張藩は迫り来る激動の時を乗り越えてゆかねばならない。加えて、尾張徳川家も守り、後の世に残してゆかなくてはならない等々。話の概要は以上のようであったであろうか。

○ 高須兄弟のきずな

慶勝にとって、弟、茂徳とは年齢も比較的近く、恵愛すべき弟であった。また、弟の穏やかで、謙虚な性格は憎めなくて、好ましいものでした。こんな思いを持っていた兄に対する茂徳の兄に対する思いである。彼にとって、兄、慶勝は尊敬し、敬愛する存在であり、何時からか、一歩譲って接するような存在となっていた。こんな状態の両人の間には、儒教が律していたこの時代ならではの、〝恵愛〟と〝敬愛〟という二つの愛、すなはち、恵む、敬うという情愛が介在していた。なお、この情愛は生涯に渡って二人の間を仲立ちしていた。

加えて、これらの情愛は茂徳と慶勝の二人の間にだけでなく、高須家の他の兄弟たちとの間にも介在、常在していた。しかも、彼らは各自が常日頃、こうした愛を育み、尊んでいた。したがって、高須兄弟は慶勝を中心としてよく纏《まと》まっており、人がうらやむほどに仲が良かった。同時に、結束力も大変強かった。彼らのこうした結束力の強さを、読者の皆さんも明治の初頭に目の当たりにされることでありましょう。

高須家兄弟のまとまりの良さ、仲の良さについては今も述べたが、その元は父母、義建と規《のり》（水戸の徳川斉昭の姉）の情愛溢れる子育てにあったと言って過言ではないでしょう。事実、水戸徳川家から尾張徳川家の分家、高須松平家に輿入れした規は、前にも話したことであるが、側室の子も手元に引き取って実子と分け隔てなく育てたような賢しこい夫人であった。並みのお姫様育ちの母親ではなかった。高須家の出来た子どもには賢明な母が控えていたのだ。なお、この第四話の最後に登場する、妾腹の子、定敬《さだあき》（高須兄弟の八男）も彼女のこうした恩愛に浴した一人であった。

○　茂徳の一橋家入り

尾張徳川家において当主交代があってしばらく経ってのことでした。弟、茂徳は兄、慶勝の支援、後押しによって従兄弟、慶喜の第十五代将軍就任後、当主不在に陥っていた一橋家へ養子入りすることになった。この出来事は、かっての尾張徳川家と御三卿の家々の関係をよく知っていた人々であれば、誰もが、「予想だにできない、驚きの事件の出来《しゅったい》だ。」などと言って仰天した出来事であった。

尾張徳川家と尾張藩は吉宗治世以降、将軍はもとより、御三卿の家々の人々、加えて幕府閣僚たちから繰り返し辛く、苦い思いをさせられてきた。こんな中での茂徳の一橋家入りであった。この予想外の出来事を剣道の試合に例えれば、江戸宗家という居丈だかな剣士から打ち込まれてばかりいた尾張徳川家というのんびりした剣士がやっと打ち変えして一本取ったという態であろうか。これを椿事と言わずして何と言うのであろうかなどと、めざとい尾張の領民たちや江戸の庶民たちもびっくりし、仰天したのである。

ついでに、茂徳の一橋家養子入りの背景について説明しておこう。御三卿筆頭格の一橋家はこの時、継嗣探しにおいて宗家、田安家、そして清水家の何処からも助けを得られなくなっていた。いずこも同じような状況におかれていたからである。よって、この折の一橋家は何かにつけて揃い、余裕のあった大御所設置の御三家、尾張徳川家の前に屈した態であると、老爺は話しているのだ。家の規模が小さく、余裕のなかった御三卿の家々は、吉宗の思惑とは違って百年をまたないで、自力では機能できなくなっていた。老爺が前に懸念し、指摘したとおりになったのである。

なお、老爺が以前に話したことだが、改めて話しおく。大御所の血統、直系の宗家でも直系による相続は四代の家綱でもって終わっていた。また、傍系の綱吉が継いで五代将軍となった。吉宗系の将軍家にあっても、直系による相続は三代だけ、すなはち十代将軍の家治でもって途切れた。この時の危機は御三卿の一橋家の家斉が宗家に入って十一代将軍となって形を整えた。江戸時代、将軍や大名などの家はこのように子孫の継続と繁栄といった点では、思いの外、脆《もろ》く、脆弱《ぜいじゃく》であった。この原因は将軍や大名たちは美食と不摂生によって健康で健全な身体とは無縁であったためだと言ってよいだろう。

○　茂徳と御三卿の家々

老爺の話はまたも、脇道に逸れるが、皆さんにはご容赦願います。茂徳の一橋家入り事件は、今も指摘したように、御三卿の家々が人、人材の面においても脆弱であったことを改めて衆目に曝《さら》した。そもそも、紀伊徳川家の家督とは無縁だと目されていた吉宗は、その家の当主、そして将軍となり、三人の男と二人の孫子に恵まれた。御三卿とは、こんな彼が息子、次男、三男、加えて二人目の孫のために、大御所の御三家の家々を真似て設けた家々であったが、これらの家々は設置当初からいろいろな問題を内包していることが老爺にも予想できた。これらの問題点については皆さんにもすでにお話した。

御三卿の家々はしばらくの間、吉宗の思惑通りに機能しているかにみえた。しかし、彼の没後百年を待たずして、個々の家々は懐具合や家臣団の不都合は当然のこと、家の継嗣にも困る事態に陥《おちい》った。少ない家禄の大名家はいろいろな面において力不足、力量不足であり、余裕がなかったのだ。独自に永続させるのは難しかった。当初は継嗣を御三卿間で融通、協力し合って体裁を整えていたが、結局、こうした有り様も一時しのぎでしかなかった。

御三卿の家々は、ほどなくして、身内外から継嗣を迎えて体裁を整えざるをえなくなった。このような状況は御三卿の家々だけではなかった。宗家もまた然りでした。事実、宗家も御三家に頭を下げる事態に陥《おちい》っていた。皮肉にも、宗家の非常事態、継嗣不在は何度もあり、一橋家の場合と同様に、大御所が設置した御三家によって取り繕われることが三度もあった。具体的に話せば、吉宗の場合に始まり、十四代将軍は紀伊徳川家の慶福《よしとみ》（名を改め家茂《いえもち》、吉宗の従兄弟、宗直《むねなお》の血脈）が、そして十五代将軍は水戸徳川家の慶喜が繋いだ。

老爺はここで、こうした事態を一般的な話としてまとめ直しておく。家も人も同様であるが、〃貧すれば鈍する、満つれば足る〃ものである。心身ともに満ち足りていて、余裕があれば、絶対無比の君主、将軍であっても、親戚、同根である家に対し、継嗣を執拗に押し付け続けるなどの無礼、非礼なことは行わないものだ、いや、できないのが人本来の有り様なのである。こうした道に外れた行いは教養、知恵のない野人の行うことであり、教育を受け、真に教養や常識のある人は決して行わない。

当然のことであるが、真の武士も行いません。人の上に立つ以上、武士の長である侍の為政者にあっては決して、行わないのだ。さらに言えば、吉宗系宗家、そして御三卿の家々はそれぞれがまず、己の家の足下をよく見つめること、弱点、欠点を整え、充実することが最優先事項であった。しかし、傲慢極まりない彼らは揃いも揃ってこの大事な点に気づくこともなく、無為無策のままに突っ走って徳川幕府を危うくしていった。よって、彼らは愚かであり、武家のうち立てた政治組織の為政者としては失格であったと指摘し、責めざるをえない老爺である。

○　徳川幕府の将軍たち

老爺は徳川幕府の将軍たちについても、断片的ではあったが、すでにいろいろ話をし、くさしてきた。ここで改めて初代将軍、大御所にまでさかのぼり、歴代将軍たちを総括しておこう。このついではあったが、いろいろ見聞きしたり、自身でも調べるにつけ、大御所の抜かり無さや凄さはもちろんのこと、嫌らしさまでが見えてき、嫌々ながら彼に承伏している老爺である。

同じ話を繰り返すが、大御所は徳川幕府の安寧と永続のためにさまざまに手をうった。例えば、御三家の設置においても、家々の経済的基盤確立のための手当だけでも、併せて百六十万余石をもつぎ込んだ。その上に、家毎にこまごまと対策を講じてもいる。なお、彼の大判振る舞いは家臣たち、宗家直臣たちに対する処遇を慮《おもんぱか》ると、大変気になることではあったが、これも彼もまた人の親であり、身内びいきがなせることであったのだと、了解すべきでありましょうかね。

以下の事柄も老爺はすでに話しているが、大御所と後継の将軍たちは低禄に据え置いた譜代大名たちが以降、徳川幕府内にあって不平分子と化す、切っ掛けをつくった。すなはち、低い家禄に処遇され、以後もそのままに留めおかれた彼らは、堕落し、幕府の政事を歪め、弱体化を加速させた張本人となった。このことのように、苦労を重ねて大成した大御所であっても、至らぬ事が多々あったのだ。なお、これは一般論であるが、創業者だけで総てを完全に整えきれるものではありません。こうした不備、不足な点を正し、整え、維持してゆくのは後継者たちの役目であり、通常はこの通りに実行されているが、この幕府は違っていた。本気になってこのように動いた者が結局出てこなかった。

こんな大御所であるが、江戸幕府という舞台を造るために自身の命や多数の家臣の命を賭けて数多戦った。そして多くの臣下を失い、自身も死線を彷徨《さまよ》うことも多々あった。彼はこうした艱難辛苦の末にやっとのことで造りあげた幕府という舞台に自ら這い上がった。そしてこの幕府の永続を希求し、最後の最後まで舞い、踊った、希代の傑物、怪物であったことを誰も否定しません、できません。

対するは吉宗である。彼は一般に、大御所以来の名君、名将軍だとされてきた。しかし、彼は大御所の取り決めの御陰があって、徳川幕府という檜舞台に運良く上げてもらい、大御所が造り上げた仕組み、組織に守られ、支えられて踊った幸せ者にすぎません。学び、経験、そして苦労の程度が桁違いに違う両人を並べて比べること自体が間違いであるのだと、老爺は改めて自戒するとともに、得心した。吉宗は前にも話した井伊直弼と相通じるところがある。物事を行うに当たり、己《おのれ》が先頭に立って行わないと、気の済まない質《たち》でした。なお、この点は大御所とも似ているようではあるが、今も話したが、学びと経験の多少を比べれば、両者には雲泥の差があった。

その他の将軍であるが、家光、綱吉、家斉なども推して知るべしである。彼らでも長い江戸時代の歴史を語る上で、語るほどの事績、特に農民など庶民に対する具体的な施策、事績を行ってはいません。彼らも本来は武家政権の統領であり、政の長《おさ》であったが、彼らの実情は大御所や秀忠といった戦国歴戦の猛者たちとは比べるべくもありません。ちなみに、己の命を賭けて事に臨み、死線をくぐり抜けた経験をもつ将軍は大御所、そして秀忠だけである。秀忠以降の歴代将軍たちを戦乱の世に放り出したとすれば、彼らの多くは戦いに勝ち抜けられないだろう。戦国という時代は幕末期以上に苛烈あり、しかも過酷であって、肩書きや名前だけでは生き抜けられない厳しい時代であったのだ。

○　異質の将軍

後継将軍たちの中で、最後の将軍、慶喜だけは在位期間はわずか二年と極めて短かったが、第三話においてすでに話したように、大御所や秀忠とも違った苦労と経験を積み、人間として目覚めた、特記すべき将軍でした。幕末期、徳川幕府の最高責任者としては希有な一大決断をし、日本の国と人民のために大きな働きをしてくれた。特に、従兄弟の慶勝のように、人命を大事にしてくれた。彼は武家、侍の家の長としてではなく、人間味のある政治家に徹すると決め、幕末を懸命に生き抜き、行動した。

慶喜は尾張徳川家の慶勝と同様に、一世一代の政治的判断を下し、日本の国とその民人たちを守ったと、老爺は彼を高く評価するのである。彼の採った行動はこの国とその人民にとっては尊く、ありがたいことであった。加えて、彼が人は尊く、その命は何よりも尊いと考え、多くの人々を救った点は、大御所をも含めた他の将軍たちとは全く違っていた。彼の将軍として最後を今風に評するならば、日本における人道主義者、平和主義者の先駆けの一人であったと言っても差し支えないだろう。人を大切だと考えるようになって活動し、数多の人命を救った将軍は彼以外にはいません。

三代将軍から始まり、それ以降の十二人の将軍たちはおおむね、死者に鞭打った家重を始め、誰も似たり寄ったりでした。彼らは政権本来の精神、侍の心をも忘れてしまった者ばかりでした。彼らは信義や義理を大切にする武家にあらざる無責任な者ばかりでした。老爺が多くの歴代徳川将軍たちをこのように決めつけた理由を以下において具体的に話しておく。

徳川歴代の将軍たちは書物による学びは一通りしたであろうが、それはその場限りのものでしかなかったと老爺は評さざるをえません。加えて、彼らは学びを継続することに始まり、修得した学びの力で政に直接関わって成功や失敗を経験すること、それぞれの行動における原因をつきつめること、問題点を見いだすこと、考究した結果を次ぎの行動の折に活かすこと等々。学びを深め、経験を積み重ねるという、教育の原則とは完全に無縁の連中ばかりであり、学びを、特に、実践や経験をおろそかにしたのである。

さらに、重要であり、大切な点である。初代、二代、そして十五代の将軍以外の将軍たちは、己の政権を支えてくれている人々、特に、農民を初めとする庶民たちのことは全く眼中に入れていなかった。政務は閣僚たちに預け、無為無策のまま、かつ怠惰に日々を過ごしていただけでした。加えて、当然と言えば、当然のことでしたが、政務を預けられた閣僚たちも彼らと似たり寄ったりであった。よって、徳川時代の人民たちは一層悲しく、大変辛かったに違いないと、老爺はただ同情するばかりである。

○　武家による政権とは

江戸時代というと、一般には儒教思想に裏付けられた、〝武士道〟と呼ぶ道徳が完成した時代であると認識されている。よって、徳川幕府も封建支配体制を維持してゆく上で武士道、武士の心を大切にしていたと一般に認識されている。加えて、将軍やその閣僚であった大名たちや旗本たちも武士道精神を前面に押し立てて、政を行い、民人を管理、維持していたと認識されている。ところが、この幕府の現実は大違いであったと、老爺は言わざるをえません。

今も話した武士道によって律せられていた人々は概して、中級および下級武士たちに限った話であると理解しておくべきだと、老爺は言っておく。事実、政を実際に司っていた上級武士、執政たちには武士道は無縁の考え方でした。忠臣蔵として良く知られている、五代将軍、綱吉による赤穂藩藩主に対する片手落ち裁断の事例を取り上げて詳しく話すまでもないだろう。上級の武士たち、特に、将軍や大名のほとんどは、自分たちの拠り所であるはずの武士道について深く学び、理解し、そして会得して政を行った者はいなかったと、言っても差し支えないだろう。

歴代将軍とその臣下たちのこうした怠慢、そして態度の慣れは誠に恐ろしい。一旦、忘れ緩んでしまった武士としての自負と矜持《きょうじ》は、一朝一夕には取り戻すことはできません。事実、徳川幕府は創設後の早い時期から武士の心を忘れたままに突っ走っていった。この事は為政者の誰もが学びの段階では認識していたが、特に権力を手にしている者に改めて清廉潔白な武士道を認識させ、元に復せさせるのは大変に難しいことであった。残念なことだが、こうした横着さこそが人間の一方の本性、有り様であると、老爺は日本における昨今の長期政権、事実上の一党独裁などを見せつけられるにつけ、この思いを強くし、苦々しく思っている。

ついでに、江戸幕府と同じ武士による長期政権、室町幕府の将軍たちを例に引きながら比べておこう。この幕府の十五人の将軍たちの力量や務めぶりも、過半の者は江戸幕府の将軍たちの力量や務めぶりと大きく変わりません。しかし、室町幕府の彼らの中には、後の世に、〝北山文化〟や〝東山文化〟の華などと賞賛され、今に伝えられている能楽、狂言、茶道、華道、香道、作庭（造園）などの芸事などを自ら先導し、奨励した、文化人と呼んでもよい将軍たちがいた。他にも、緩み始めた幕府の体制を自身の知略でもって締め直した将軍もいた。勘合貿易を押し進めたりして光を放った将軍もいた。さらには、剣の道を極めて剣豪として名を成した将軍もいた。

対する江戸幕府の将軍たちである。彼らの中に、室町幕府にあって光を放ったような将軍は、幕府を創設した者と幕府を締めくくった者以外には見いだせないと、老爺は話しておく。例えば、遊芸のような文化の振興に限ってみても、彼らの足跡を見渡してみても、否としか言えません。江戸時代にも、さまざまな文化的な事象の萌芽と、その後に生長し、開花したものがいくつかあった。例えば、浮世絵、陶磁器、漆芸、工芸品などである。しかし、これらの多くは庶民たちや、一部の地方大名が育て上げたものばかりである。歴代の将軍はいずれも、閣僚たちに言われるままに、奢侈《しゃし》禁止などとして潰して回った、肝の小さな者ばかりであったと、老爺はこの点でも評価せず、厳しく決めつけておく。

○　将軍と学び、そして政

老爺は似た話を延々と繰り返すが、あえて話しておきたい。達人、偉人などの歩んだ道を調べ、考究することは学びにおいて意味があり、目覚ましい教育効果が期待できる。これは老爺の持論である。例えば、大御所は織田信長や豊臣秀吉などの先達から学び、徳川幕府を興し、子孫に託した。対する吉宗とその後継の将軍たちである。彼らの多くは、大御所などの傑物や偉人から学び、その成果を己の政権運営に活かしてみたり、政権を強化させるなどは全くなかった。彼らは将軍という座にあぐらをかき、実務は閣僚たちに丸投げし、世の中をなめきっていた愚者たちばかりであったとしか、老爺は言い方を知りません。当然のこと、彼らが勉学不足、経験不足であったのは改めて言うまでもありません。※

老爺はさらに話を続ける。家康の後を継いだ将軍たちのうち、誰かが傑物たちの事績の功罪について真っ正面から学んで、成果を自分の政に反映させておれば、江戸時代は世界にも例を見ない、真に平穏で、平和が長く続いた時代であったと、世界に向かって自信を持って言えたであろう。しかし、実際は農民の労苦、辛抱という犠牲の上で成り立っていただけの幕府としてしまった。老爺が夢想し、願ったような幕府であったならば、江戸時代は室町時代をも大きくしのぐ、誇らしい時代になっていたと老爺は率先して言うであろう。なお、唯一、長期に渡って大きな戦いがなかったことだけはこの幕府の唯一の功績だと評価しておかなくてはなりません。

大御所のような慎重で、注意深い将軍が舵採る江戸幕府であれば、時代の変化にもそれなりに整合でき、今少し存続し得たことであろう、さらには、日本の国は西欧世界の進歩にも合わせて巧妙に変容を遂げていたかもしれません。そうであれば、日本の国は西欧世界からひどく遅れることはなかった。そして、十九世紀後半以降、焦って国造りする必要もなかったに違いありません。

※彼らは吉宗を中興の祖として、必要以上に祭りあげ、大御所の政の真髄をないがしろにした。

○　歴代将軍とオランダ風説書

老爺が今話した見解、特にその最後において、「・・・西欧諸国からひどく遅れることもなかった。」と話を結んだ。こんな事を話した老爺の心の内には、老爺自身もいろいろ調べ、知ったことであるが、〃

オランダ風説書《ふうせつがき》〟の存在と、これが秘めていた意味と可能性があるのだ。老爺はここで、皆さんにオランダ風説書のもっていた意味と可能性を具体的に話しその意義を、強調しておく。

徳川幕府はキリスト教徒による島原の乱もあって、西欧諸国に対する警戒心は尋常ではなかった。そこで、幕府は十七世紀前半、限定的で、特異な鎖国政策を徐々に確立していった。この間の幕府執政たちはオランダ国との間で、同国の船が長崎に来航するごとに、欧州などにおける状況や現況をまとめた書簡を携えて来るようにと取り決めをしていた。徳川幕府開設当初の為政者たちは、西欧諸国が世界中を動き回っていたのを承知していたので、その動向が気になっていた。そこで、彼らは海外情報を得ようとしたのである。この情報源の書簡こそが老爺が注目し、皆さんに話そうとしている報告書、オランダ（阿蘭陀）風説書なのだ。

徳川幕府は三代将軍、家光の時代に鎖国政策を採用したが、今も指摘したように、この政策は完全な鎖国ではなかった。世界に向かって、小さな扉を開けておいた。日本の国への出入りを許された西欧の国は最終的には、オランダ一国だけとなった。そのオランダ国との間で、幕府は大変興味深く、そして賢明な取り決めを締結していたのである。

オランダ国はこの時以降、海外の情報をまとめた報告書を携えてきて幕府に奉呈することを真摯に履行した。さらに付け加えて話せば、受け取った風説書は長崎にいたオランダ語の通詞たちが和訳した後、長崎奉行を経由して江戸に届けることまで決めてあった。制度としてしっかり確立されていたのである。報告書に関する取り決めの内容の具体的な説明である。オランダ国は同国の船が日本に来航する時には、当時の欧州世界を先導していた有力国の動向、社会情勢、出来事などを記載した報告書を持参することを真摯に履行していたと考えられる。よって、大航海時代以降、西欧の国々が植民地の争奪、宗教改革、続いて興った産業革命など、貴重で重要な事々が書かれていたと考えられる。故に、オランダ風説書は国、日本国を担っている為政者たちが世界を学び、理解する資料としては超一級品であった。

徳川幕府の歴代将軍たちは当然のこと、その気さえあれば、日本語に訳された報告書を自由に読み、学び、そして利用できた。しかし、残念なことに、将軍たちだけでなく、それぞれに仕えた歴代の閣僚たちも、主人たちと同じ状況、状態であった。主従は揃って、有益なオランダ風説書に目を通し、学び、知識とする。そして、これを政に反映させるようなことは全くなかったのだ。

老爺はこの件についてもう一言言い添えておく。江戸幕府の歴代将軍やその閣僚たちは、自分たちでオランダ風説書をうまく活用できなければ、学者たちに公開して彼らの知恵や能力に託し、その力を利活用することもできたと、老爺は重ねて指摘しておきたい。しかし、彼らは誰一人として学者の力も借りなかった。彼らは、愚かなことに、先人たちが残してくれた崇高な思いと取り決めを無にし続けた。残念なこと、この上もありません。このように徳川幕府とは多くの事柄において横着であり、中途半端であった。集約すれば、後の世の徳川幕府は先人の知恵を尊重し、役立てなかった愚かな組織でしかなかったのだ。

老爺はくどく、しつこくて皆さんには恐縮なことであるが、歴代の徳川政権はオランダ国がもたらしてくれる情報、風説書を政に活用し、政に反映させる気は全くなかった。徳川将軍と徳川幕府がこのような有り様であったので、日本の国が鎖国政策を採用して以降、西欧世界、西欧諸国が急に進歩の歩みを早め、日本国が彼らからどんどん遅れていったことに為政者たちは気づけなかった。これ以上、この話を続けても詮無《せんな》いことだが、この逆、少しずつでも海外情報を取り入れ、幕閣を挙げて対処しておれば、幕末に黒船に仰天し、あたふたすることはなかったと、老爺は言いたいのである。この話は日本人にとり、貴重な他山の石である。

○　怠慢であった徳川幕府の為政者たち

封建時代の政権の支配者とその閣僚たちは共に、世襲制の上にあぐらをかいており、技量もこの程度であり、これが当たり前であったとは、老爺は本当のところ、言いたくはありません。しかし、老爺は苦言をあえて重ねざるをえない。歴代将軍とその閣僚たちは国を預かる者としてはあまりにも暢気《のんき》すぎ、緊張感に欠けていた。為政者、人の上に立つ者としてはお粗末であり、失格であった。彼らがこんな状況でしたので、日本の国は不幸なことに、西欧諸国から大層遅れてしまった。西欧の国々が大航海時代以降、目覚ましく進歩し、発展していたが、この国はこうした暢気者たちが牛耳っていたこともあって、西欧諸国から著しく遅れてしまった。

結果論ではあるが、日本の国がこうした前歴をもっていたので、幕末の開国以降、日本国はさまざまな事々において急がざるをえなかった。無理をせざるをえなかった。さて、その無理の結果である。日本は日清戦争に始まり、日露戦争、第一次世界大戦を経て、太平洋戦争へとの修羅の道、換言すれば、血で失敗を償《つぐな》う道をまっしぐらに突き進んでいった。その結果、日本の国は悲惨で屈辱的な敗北をも経験することになった。

当然のこと、この間に、膨大な数の人命が無駄に失われた。もしも、江戸幕府全体が今少し賢明に動いておれば、こうした事々は避けられたと、老爺は残念に思っているのだ。歴史の話において、〝・・したらの話はしても、何の役にも立たない〟と言ってしまえば、話はここで終わってしまう。とは言いながらも、老爺はここで改めて学びを極めた人々、聡明な人々が増え、こうした人々の意見が世の中で多数派となることを、この国の明日のために切望していると表しておく。

○　絶対君主

老爺は序《つい》でにもう一言言い添えておく。絶対君主や専制君主の下では、統治組織ができあがる。各組織の麾下に組み入れられる臣下たちと彼らの序列（格）が決まる。日々の政に関わる閣僚たちが決まる。

こうした中で具体的な法令や催促（式）を整えてゆくのは大変なことである。なお、江戸幕府の場合では、長生きした大御所が政権をうち立てたばかりでなく、これらの事々の大部分を考え、整備してしまった。これらの仕組み、体裁、運営する人々が整えられ、決まってしまえば、この体制と制度は、特に頂点に立つ者、ここでは将軍とその取り巻きたちのことであるが、彼らには至極居心地が良い統治の仕組みであった。しかも、彼らは世襲制であった。老爺はこのように思う一方で、独裁制、封建制そして世襲制という制度の稚拙さ、不全さを再認識してもいる。

「老爺は口が滑り過ぎる。」「言いたいことを言いすぎる。」などとのご指摘を皆さんから頂戴しそうだが、勢いに乗ってもう一言話しておく。徳川幕府では実際に、暗愚な将軍や子どもの将軍であっても務めを果たすことができた。こうしたことは封建制度の時代だから赦された、行えた。さらに言い添えれば、徳川幕府統治時代のほとんどにおいて、時々の閣僚（譜代大名や旗本）たちもこうした有り様を望んでいたので、この幕府は鎌倉幕府や室町幕府に比べて一層始末が悪かった。しかも、こんな彼らは怠惰であり、怠慢であった。よって、この時代の政は世の中の進歩とは無縁であり、無関係のままであった。

　そもそも、こうした制度そのものに問題があったのだと、公然と批評したり、非難できるのは、進んだ制度、体制を知り、その恩恵にあずかっている現代人であるからである。かっての時代に比べて、理不尽や不正義がかなり少なくなっている、あるいは理不尽や不正義を正すことのできる今の時代のシステムに対し、我々は喜び、感謝しなくてはなりません。そして、このような時代を大切に育て、維持してゆかなくてはなりません。油断をすると、ヒットラーやプーチンなどの独裁者を出現させてしまうのである。

老爺は同様の話をさらに繰り返し話すことになるが、江戸幕府のこうした統治の仕組みとその運営方法も大要は、大御所が造りあげた。ただ、老爺が繰り返し指摘してきたように、大御所が造った組織、体制は彼自身の時代には即応できたとしても、長期に渡って対応できるものではなかった。江戸幕府とはこうした政権組織であり、制度であったにもかかわらず、その後、為政者たちは誰も、抜本的な手直しを試みたり、補強、強化を計ることはなかった。老爺が思うに、誠に無責任な話である。

江戸幕府は中世という時代の、まだゆるい歩みに助けられ、十五代にわたって継続できた。特に、この間、後継将軍たちのほとんどと、加えて彼らに仕えた閣僚たちは揃いも揃ってできが悪く、無責任な者ばかりであったと言わざるをえません。その原因を分かり易く言い換えれば、彼ら本来の心の支えである、侍、武士本来の心と行い、すなはち、武士道を学んで、極めなかった未熟者ばかりであったと、老爺はまとめざるをえません。

○　好々爺、茂栄《もちはる》

老爺の道草話が随分長いものになってしまった。話を本筋にもどすことにする。茂徳《もちなが》は御三卿の筆頭格と言ってもよい一橋家の当主に収まった。この後、彼は名を元の茂栄へと名に戻している。心を新たにしたのであろうか。それとも、馬のあった将軍、家茂に対する氣使いの一つであったのであろうか。いずれにしても、彼は形式や格式には強いこだわりがあった御仁のようである。

茂栄は一橋家入り以後、滅びつつあった江戸幕府後半期における名門家の当主として熱心に責務をこなした。宗家そのものが危うく、覚束《おぼつか》なくなっていたこの時期、御三卿の家々の世の中に占める比重も随分小さくなっていたので、彼は当主の座を心地よく楽しめたに違いありません。事実、彼が当主になって間もなく、徳川幕府は大政奉還して消滅してしまったので、一橋家はかっての権謀術策が渦巻いていた家とはすっかり様変わりしていたのである。

こんな時代の一橋家は茂栄にとっては相応しく、過ごし易かった家であったことに違いありません。明治新政府の世、穏当な日々を楽しみ過ごす一方で、彼は血を分けた弟たちの助命のために、兄、慶勝とともに一生懸命に奔走した時期もあった。奔走の結果、愛すべき二人の弟の助命に成功し、高須松平家の兄弟のきずなの強さ、堅さを世間の人々に見せつけたりもした。

老爺はここらで、このコーナーの主人公、一橋茂栄の生涯を一言でまとめておく。彼は素直であり、一心に学んだので博識、博学であった。また、彼は温厚であったので、損得抜きの人事交流などでは人々に慕われた。この人の人の良さこそが彼の最大の取り柄であった。彼のこうした人柄は多くの人々から愛された。兄、慶勝からも愛された。なお、彼もまた、兄を尊敬し、敬愛していた。

一橋茂栄（徳川茂徳）という人は、胆力を前面にひけらかさなくてもよい、古き良き時代に巡り合わせていたのであれば、臣下にとっては、〝良き主〟、〝良きお殿様〟として崇められて平穏、かつ無事に生涯を終えたことに違いありません。幕末という動乱の時代は、温厚、実直な彼には合うことは少なく、彼は時の流れから遊離させられたり、埋没させられたりもした。彼は敬愛し、信服していた兄、慶勝が逝去した翌年、その後を追うかのように没している。明治十七年没、享年五十四才。

◎　松平　容保《かたもり》

老爺の話に続いて登場するのは美濃の国、高須松平家の六男、容保《かたもり》である。彼はこれまでのところ、高須兄弟の中で、世人に名前を最も知られている殿様であろう。その訳を言えば、彼の珍しい読み方をする名前、彼のために殉じた若き白虎隊隊士たちの悲話、そして彼自身の悲劇的で、健気《けなげ》であった徳川幕府に対する献身的な活動などのためでありましょうか。

○　容保の会津松平家入り

　十二才を迎えた容保は、会津若松（以降は会津とする）の松平家に請われて養子入りすることになった。養子先の会津松平家は保科正之《まさゆき》（三代将軍、家光の異母弟）を藩祖とする家（後に松平を名乗る）であった。なお、正之とは、以下でも少し詳しく話をする予定であるが、老爺が調べ直したところ、場を改めて詳しく話してみたくなった、すばらしい人物であった。彼はこの話の時代までの間に徳川幕府の政に関わった数多の閣僚の中でも、最高の執政職であり、為政者であったと、老爺が認識し、高く評価するのだ。彼の家、会津松平家は御三家、御三卿に次ぐ、〝御家門〟格の家であり、徳川一門中で、藩祖の宗家に対する忠義にあふれた活躍、貢献もあって、高く評価されてきた名門中の名門であった。

　容保の会津松平家への養子入りは十六才年上の兄、慶勝の尾張徳川家への養子入りに先立つ出来事でした。高須松平の家にとっては久々の慶事でした。「よいご縁に恵まれましたね。」、「会津は寒い所だと聞いております。くれぐれも身体をいといなされ。」、「心と身体の鍛練を疎かになさるな。」、「兄上たちとは連絡を途切れさせることなく、連携、協力しながら、会津松平のお家のため、加えて、ご宗家のために精一杯努められよ。」などとの母、規から喜び、励まされた。母の当を得たはなむけの言葉を胸に抱いて、まだ十二才と幼なかった容保は気丈にも、会津松平家に養子入りしたのでした。

○ 会津松平家とは

老爺はまたも話を足踏みさせるが、会津松平家（最初は保科家）の初代藩主、保科正之について今少し補足しておこう。老爺に言わせれば、彼は人、庶民を大事にした徳川時代前・中期きっての名君であり、名補佐役であった。彼は大御所没後、まだ間もない頃にあって、〝領民こそが第一である。〟を、他の為政者たちに先駆けて唱え、この言葉どおりに活動し、活躍した人物であった。彼は吉宗将軍とは違って、会津の各地に社倉《しゃそう》（飢饉のために備えた米倉）を開設して飢饉などに備えるなど、領民大事を念頭において、数々の善政を敷いた。実兄の家光三代将軍はこんな彼、弟を見込んで、病弱であった息子、家綱《いえつな》四代将軍の輔弼《ほひつ》役（補佐役ともいう）にと頼みこんだ。そして彼は兄の頼みを引き受けた。

正之は幕府の政においても、甥の家綱をよく助けて数々の実績をあげた名補佐役であった。その実績の中でも、特記すべき事項があるので、ここに簡潔に紹介しておく。明暦三年（１６５７）に、江戸では江戸城をも焼失させた大火事（振り袖火事という）が起きた。この後、幕府では焼け落ちた江戸城の再建問題が浮上し、幕閣が喧々囂々《けんけんごうごう》としていた中、彼は、「江戸城の再建よりも、江戸の人々の暮らしと街の復興が何よりも大切であり、急務である。」と毅然と主張し、幕府の政を導いていった。

正之はその主張通り、江戸の街の復興と整備に、そして住民たちの暮らしの復興と充実に力を注ぎ、事を成し遂げたのである。彼こそは江戸時代初頭に、〃江戸の住民第一〃を堂々と掲げて政を行った希有な人物でした。武断派政治家がまだ幅を利かせていた中にあって、彼はその才覚と知恵を駆使する〃文治派〃政治家の先駆けとして、立派に職務を全うし、数多の成果、功績を挙げた。

正之以降も、会津松平家の歴代当主たちは藩祖の行いを見習い、〃将軍家のために〃を標榜し続けた。この家は幕閣に入り込んで献身的に勤め、役目を果たしてきた。しかし、この家は何時からか、正之の文、文治よりも、武、武断を誇る家へと変貌していた。すなはち、会津松平家は、「会津家訓」や「什《じゅう》の掟《おきて》」によって、その名を全国に知られるように変わってしまっていた。すなはち、〃武〃を標榜《ひょうぼう》する、徳川一門随一の家として名を成すようになっていたのだ。ゆえに、この家中では幕末期に至ってもなお、侍の心、武士道によって充ち満ちていた。会津藩は武士道を誇ることにおいて、西の薩摩藩とは双璧をなしていたと、言ってもよいかもしれません。

なお、参考までに、容保が養子入りした頃、この家の近隣、常陸の国、水戸藩では、二代藩主の徳川光圀以来の尊皇思想の伝統の影響もあって、尊皇、攘夷運動でもって家中が沸き立っていた。しかし、会津松平家では〃将軍家のために武でもってご奉公する。〃との藩と家の有り様には微塵の揺らぎもみられず、藩、家中揃って意気軒昂《けんこう》であった。会津松平家と水戸徳川家は好対照でした。

○　容保の藩主就任、そして京都守護職拝命

まだ幼かった容保には至極当然のことであったが、養子入り直後からこの家特有の、武を前面に押し立てた、個性的な考え方や有り様など、いわゆる、武断派的な教えを教え込まれていった。彼は侍、武士とは何かを前面に押し立てた、偏り、癖《くせ》のある教育（今日的な目でみれば、）を受け、熱心に学んでいった。そしてこの家独特の色に徐々に染まっていった。同時に、彼は〝将軍家のために〟を標榜《ひょうぼう》する家風も次第に受け入れていった。この結果、彼は、会津は臣として主、将軍のために努めると言った、悲運の殿様を演じ通して江戸幕末史を飾ってゆく。

容保が養子に入って、早くも六年の時が経ち、彼は十八才になっていた。これを機に、彼は会津、松平家の九代目当主となった。そしてこの時からさらに五年ほどの時が経った頃の彼に次のような逸話が残っている。頃は丁度、桜田門外の変直後のことでした。幕府の閣議では水戸藩の浪士たちが大老、井伊直弼を討ちとったことを問題にした。閣僚たちから尊皇・攘夷論で沸き立っている水戸藩に対し、「水戸を打つべし！」「水戸を懲らしめるべし！」との声があがったのである。

幕府の閣議に臨席するようになっていた容保は即座に、「徳川宗族内で身内争いをしている時ではありません。」、「身内争いは極力避けねばなりません。」、「今、何よりも必要なことは幕府が一つにまとまることである。」などと、徳川幕府による水戸藩討伐案に真っ向から異を唱え、反対した。彼は会津松平家

の教育効果が十分であったのは当然のこと、世渡りに欠かせない駆け引きや胆力も開花させつつあった。彼は眠っていた、優れた資質を開花させようとしていた。

後日、容保の閣議におけるこうした話を近習《きんじゅう》から聞かされた尾張藩の兄、慶勝は大きく頷いた。そして、「容保よ、よくぞ申した。」、「よく学び、そして順調に育っているようだ。」と微笑んだとされる。そしてその後でぽつりと一言、「だが、容保はこれから苦労することになろう。」とつぶやいたとされる。兄は幕府内で名を売った弟の明日を危惧したのである。

上述から一年後の文久二年（１８６２）になり、兄の徳川慶勝がかって予見したとおり、会津藩、すなはち、松平容保に大役が飛び込んできた。徳川幕府はこの幕末期に新たに設けた要職、〝京都守護職〟をまだ二十七才と若く、幕府内外での政務経験も今一つといった状況にあった容保に下命したのでした。幕府を牛耳っていた閣僚たちは例によって、「面倒なこと、金のかかることは御家門のお家にお願いすればよい。」とばかりに、この重要な役目を会津藩のまだ若い藩主に押しつけたのだ。そして彼らはいつものように、だんまりを決め込んだ。

○　徳川政権下の譜代大名など

老爺のまたの道草である。極端な言い方をすれば、徳川幕府の獅子身中の虫と化した譜代大名、旗本などに関する追加の話である。老爺の見立てによれば、こうした人々の中には、幕末期に飛び出てきた勝義邦（号を海舟）や榎本武揚などのような能士も数多くいた。しかし、幕府はこうした人々が政に顔を出しにくい組織のままであった。江戸時代の中期、後期へと時代が降だるにつれて、譜代大名や有力旗本たち、すなはち、時々の閣僚たちは時々の将軍を祭り上げ、幕府の組織を完全に牛耳り、政を私する度合をますます高めていた。その現れが容保を苦しめたのである。

閣僚たちは名ばかりの存在に祭り上げた将軍の威光を巧妙に利用した。そして、御三家や御家門などの家々に対しても、図々しく指図し、政務や実務などに引っ張り出すようになっていた。彼らはとうの昔に、家の先祖の名誉や誇り、さらには政治に関われる栄誉などでは満足できなくなっていた。徹底して自己保身に徹するように大変わりしていた。彼らは動乱の渦の中心である京都への派遣案件、補足すれば、出費のかさむような案件などに対しては、尚更のこと、狡猾《こうかつ》であり、老獪《ろうかい》であった。彼らは逃げ、隠れするのが常態と化していたのだ。

徳川幕府における執政たち、閣僚たちが姑息になっていった理由について、老爺は彼らの側に立って再度、解説しておく。老爺が思うに、歴代の将軍たちが彼ら、譜代大名や旗本たちに対して気配りと配慮をしてやらなかったがために、彼らは追い込まれていった。言い換えれば、時々の将軍が彼らの懐具合を斟酌してやらなかった、働きに見合った褒賞を追贈してやらなかったために、彼らは変わってしまった。事実、いくつかの例外はあるが、歴代の将軍たちは開府以来のつき合いをしてきた譜代大名などの臣下に対して大きく加増したという事例を老爺は知りません。

○　貧しくて卑しい閣僚たちの例外閣僚

話のついでのついでである。老爺は例外の譜代大名だと言ってもよい柳沢吉保《よしやす》、間部詮房《まなべあきふさ》、田沼意次《おきつぐ》などに対する、時の将軍たちの厚遇事例をいくつか知っている。例えば、柳沢吉保の場合である。彼は本来、上野の国、館林の藩主、松平綱吉（家光の子）の臣、すなはち、陪臣の身分であった。ところが、彼は主、綱吉が五代将軍へ昇進したことによって将軍家直臣となった。譜代大名や旗本などと同じ身分となったのだ。彼は以降も、綱吉将軍のためにと、一層精励、精勤した。その結果、彼は綱吉によって甲斐の国、甲府十五万石の大名にまで取り立てられた。吉保は譜代格の大名としては指折りの高禄大名へと栄進を遂げたのだ。そして、彼は晩年には大老職をも拝命し、無難に務めている。

柳沢吉保のように、人とは高く遇されれば、張り切り、頑張らざるをえないのが人という生き物なのである。間部詮房（主は家宣六代将軍）や田沼意次（主は家重九代将軍）も側小姓から、彼と同じ様に、それぞれの将軍に務め、励んで大名にまで栄進している。主人と家人といった関係に関して話しておこう。戦場での力、武功こそが第一であった時代を生きた大御所には、正殿や奥殿での秘書的な勤めが本分となった時代における論功行賞がよく分かっていたのかと問われれば、老爺は否と言わざるをえません。彼らの務め方は戦いのない時代ならではの勤め方であったので、彼らの勤めぶりは大御所には今一つ分かりづらかったに違いありません。

今、老爺が特例であるとして名前をあげた大名たちには一つの共通点があった。彼らは当初、陪臣や、小姓などの低い身分の家臣であった。そして主が若い頃から、その身近にあって仕えた。その後、彼らの主は運良く将軍へと栄進した。こうした経験のある将軍は、自分が部屋住みの頃から一身に勤めてくれた家臣の骨折りや苦労が少しは見えていた。また、彼らは自分に仕えてくれた時が長かっただけに、主の側においても、兄弟のような心情も芽生えていたかもしれません。よって、自分に対して誠心誠意尽くしてくれる家臣の骨折りや苦労に対して報いてやろうとの気分になったのである。

綱吉のように、当初は将軍候補として注目されることもなく、地方大名として苦労を味わった経験をもっていた将軍であっても、他の臣下たち、譜代大名や旗本たちにまで、吉保に対したような目を向けることはなかった。こうした状況は他の特例の家臣を抱えていた将軍たちも同様でした。当然のこと、他の家臣に対して大胆な信賞必罰を奮発した者は、いなかった。綱吉の吉保に対する処遇などは特例中の特例であった。なお、順調に将軍となった者たちの譜代大名軽視は普通のことでした。対する譜代大名たちも将軍をないがしろにしたので、双方の思いと行動は五分と五分と言ったところだろうか。

歴代将軍たちは自分の閣僚たち、譜代大名たちに対して適切な論功行賞人事を行なってやらなかった。この理由を老爺なりに考えてみる。徳川幕府は最後まで、農業における米の収穫高を中心にした経済組織に依存したままであったので、幕府への大幅な収入増加を見込めなかった。加増の原資と言えば、将軍自身の禄を削って捻出するしかなかったのだ。これは将軍であっても、容易に行えることではなかったと、老爺は彼らを少しひいきしてかばっておくことにする。

○　容保の苦悩の始まり

話を本筋にもどそう。容保の紹介話にもどることにする。譜代大名たちの横着の犠牲者、松平容保は、老爺からみれば、会津で受けた教育にも遠因があったと言わざるをえません。彼は会津松平家特有の武士道を学び、そして深め、事に当たる際の胆力も養いつつあった。しかし、彼は尾張の兄、慶勝が着々と実現しつつあった藩や家の体制や財政など諸改革に手を染める前に、身勝手な幕府によってその機会を取り上げられてしまったと、老爺は斟酌《しんしゃく》しながら、同時に同情している。

賢明な容保は会津松平家は領民、特に農民たちに多大な犠牲を強いるといった旧態然とした管理体制に問題のあることに気づいてはいた。しかし、彼はこうした制度の改革に手をつけられないままに、大勢の藩士たちを伴って京都に出向かざるをえなくなった。この出仕には金がかかる。すなはち、農民たちに無理を強いらなくてはならない務めであることも、彼はよく分かっていた。このことに対して抜本的な手を打つ間もなく、彼と家臣たちはさまざまな大事に立ち向かうことになった。よって、彼の本当の苦悩、苦労は京都守護職拝命の前から始まっていたと言ってよいだろう。

真摯な容保は会津を出立する時、〝自分は会津藩そのものをかけて遠い京都において奉公しなくてはならない〟という、辛く、苦しい役務のことだけが頭を占めていたことだろう。こんな彼が京洛に入って最初に直面した、悩ましい問題である。それは特に、海外の状況について不勉強であり、無知でありすぎ、加えて懸命に学び、考えたことのない殿上人たち、いわゆる公家たちに振り回されることでした。西国雄藩を頼りにして彼らが声高に叫んでいたのは、〝攘夷〟とならんで〝倒幕〟でした。彼らは陰で、倒幕浪士らと呼応して、倒幕気運の高まりを加速するべく、攘夷！　倒幕！　などと声高に唱えていたのだ。侍、武士の国の藩主、容保は否応なく、朝廷とその取り巻きが音頭をとり始めた尊皇と攘夷に関わる問題と対峙させられたのだ。

老爺の話はまた回り道をし、冗長なことになるが、皆さんにはご容赦いただきたい。世の中には公家たちのように、日々の研鑽を忘れて、家柄や肩書きだけをたよりに世渡りしている輩《やから》があまりにも多いことを我々は心得、知っておかなくてはなりません。この時代、江戸時代には世襲する役目や役職が特に多かったので、こうした人物は当たり前にいた。一方、現代を生きている我々も、今も残っているこんな輩の中から本物、本当の人物を見分ける目や知恵を普段から養っておくことが必要であり、大切である。老爺は容保の入京後の苦難、苦悩を話し、察する時、何故か、この事を思いだすのである。

老爺はここで、容保の京洛における主な悩みの種を数え挙げてみよう。尊皇攘夷運動対策、朝廷対策、京洛の治安維持と警護、薩摩、長州などの攘夷・倒幕派大名の動向監視、不逞《ふてい》浪士対策、新撰組の維持と管理等々であったろうか。彼は立場上、どの案件にも深く関わらざるをえなかった。彼は会津松平家に養子入り以降、偏向（？）教育の成果もあってか、将軍家のために働くことを何時しか容認し、精勤しようと苦悩していた。こんな彼は入京後、時の天皇、孝明帝の信任を得ていった。参考までに、孝明天皇とは、妹の和宮の降嫁を容認したような、現実的な考え方をもっていた帝《みかど》でした。

○　歴史に翻弄《ほんろう》され続けた容保

真摯であり、律儀であった容保は、長きに渡って、多くの家臣とともども京都に張り付いて、沈没寸前の宗家を会津藩の全てをかけて支え続けた。彼が奮闘した課題は今も述べたように、極めて多岐に及んでいた。これらの中で、老爺が読者の皆さんに特に話しておきたい一点がある。彼が日本の国と徳川幕府、同時に民人《たみびと》の安寧を願って主導した政治的活動の顛末《てんまつ》である。

容保は孝明天皇の信任を得るようになったのを拠り所にし、自分の考えを実現しようと行動を開始していた。彼は〝公武合体〟を画策し、その実現に向けて行動していたのだ。彼はまず、自分と藩、宗家、そして朝廷との立場、体面などを現実的に見て、そして考えた。また、彼は幕府と朝廷、加えて佐幕派と倒幕派のために誠心誠意働こうとしていた。同時に、兄、慶勝のように、日本の国と民人の安寧をも心から願ってもいた。彼も優れた資質を政の場で開花させようと苦悶苦悩していた。

容保がこの目的実現に向かって奔走していた頃の挿話である。彼と弟の定敬（京都所司代）、加えて兄の慶勝を加えた高須松平家の三兄弟がともに京都で過ごした短い期間があった。この時、兄は朝廷のたっての要望があって、入京し、朝廷のために奔走していた。これは元治元年（１８６４）前後のことでした。こうした日々のある日の出来事である。彼ら三人は久々の再会を喜び合った。そして、この場で容保が公武合体策について披露したところ、兄、慶勝はこの策を大層評価してくれた。

兄、慶勝は「公武合体策はそちが頑張ってみるだけの価値のある、よい活動である。」、「民を守り、救うことになるよい手だてでもある。」、「無駄に血を流さないでこの国をまとめられるかもしれない。」、「何人であっても、その人の人格は敬うもの、その命は何にも勝るものである。」、「この国自身も救われ、一気に生まれ変われるかもしれない。」、「私も影から朝廷や幕府に働きかけ、応援してみよう。」などと饒舌《じょうぜつ》に話し、容保をおおいに鼓舞し、激励してもくれた。兄は弟たちに会えば、何時も、何かと気を使ってくれ、具体的に応え、動いてもくれた。奮闘の最中にあった容保には、こんな兄の同調と激励がとりわけありがたく、嬉しかった。

ところがここでも神や仏は容保にはそっぽを向いたのだ。今、話した三人の出会いから少し後のことであった。彼が頼りとしていた孝明天皇が急逝してしまった。天皇の崩御によって彼の目論見と努力は一瞬にして水泡に帰してしまった。この事例のように、彼が京洛において流した汗や涙の多くは、報われなかった。結果がついてくることは極々希であった。彼が率いる会津藩の面々もまた、会津から遠く離れた京洛の地において辛く、厳しい侍としての月日を重ね続けていた。しかしながら、侍の時代の終焉は間違いなく、間近に迫っていたのである。

○　容保と慶勝

京都で苦悩し、難渋を続けている容保の会津藩に対し、兄、慶勝の率いる尾張藩の挙動、行動についてである。尾張徳川家は徳川宗家やその閣僚たちから長い間軽んじられ、疎んじられてきた。兄はこれらの事々を逆手に取り、宗家や幕府からはほど良い距離を保ちながら、巧妙、かつ颯爽《さっそう》と活動していた。会津、尾張両藩の現状と有り様は対称的であった。兄とは対極にいた容保であるが、彼は京洛にあって、こんな兄と尾張藩が羨《うらや》ましいと思うほどに、彼と会津藩の面々は苦難、苦闘の時が長く続いていた。しかも、難問が新たにつぎつぎ発生し、それらは彼の肩に重くのし掛かってきていた。

こうした容保の活動・行動を老爺は分かりやすくまとめてみる。まだ若かった彼は、佐幕派丸という船（実は、船底に穴のあいたぼろ船）に乗り込み、歴史と言う荒れ狂っている海に意気揚々に漕ぎ出した。彼はこの時点、この船の船底に穴が開いていることに気づいてはいなかった。仮に、気づいていたとしても、彼には他の道を選ぶことは難しかったのも事実であっただろう。彼と家臣たちは荒ぶる海に棹《さお》をさし、舵《かじ》を切って渡りきろうと懸命にもがき、努めた。彼の入京から一年ほど経った頃、実の弟、桑名の定敬《さだあき》も京都所司代として入京して協働し、支援してくれた。しかしぼろ船はもはや、二人の如何なる棹さばき、舵取りをもってしても、沈没を免《まぬが》れなかった。

容保の一心不乱な奔走は何時も、当初の思いとは違った結果をもたらすばかりでした。したがって、彼の苦悩はより深まり、疲れもつのるばかりでした。彼の苦悩と疲労は会津、鶴ヶ城落城の時まで延々と続いていくのである。なお、彼の最終局面における戦い、会津戦争では、彼は家督を養子に譲り、自身は従兄弟、慶喜のように謹慎しようとした。しかし、彼は武を自慢し、誇ってきていた会津松平家の武士たちの矜持《きょうじ》と意地のために翻弄《ほんろう》され、彼らにつき合わざるを得なかった。誠に気の毒な仕儀であった。いずれにしても、容保は家臣たちと、国元の領民たち双方に物心両面において無理を強い続けながら、京都においては形骸化した宗家のために七年近くもの長い間、尽くしに尽くした。加えて会津戦争にまでつき合わされた。

なお、参考までに、会津城の落城の折、彼はまだ三十才の若さでした。加えて、彼は〝朝敵〟という汚名まで負い込んでいた。こんな彼は兄たち、徳川慶勝たちの助命活動のお陰もあって、鳥取藩への永の預けという処分となり、命を拾い、命長らえることができた。以上のように彼は悲運この上ない人物であった。

話は元に戻って、先ほどの容保と慶勝の比較話の続きである。不惑の年半ばと、円熟期にあった尾張の兄、慶勝は、心服してついてきてくれる家臣たちと一体となって尾張藩を動かし、積極的に行動していた。兄は大政奉還以降は老獪さをも身につけ、激動の世を巧みに立ち回っており、容保にはこうした兄がうらやましくみえたことであろう。対する弟、容保であるが、彼が京都に出向いた頃はまだ二十代半であった。彼は受けた教育のいびつさや経験も今一つといった状況のままに修羅の道をただ突き進むしかなかった。二人の立場は世間への旅立ちの時、養子入りの時からあまりにも違っていた。

老爺はここで、年令の違う二人の兄弟、容保と慶勝の関係を簡潔にまとめてみる。二人にはいろいろな差や違いがあったが、老爺が一言でまとめてみたい。この場合、老爺は二人の年の差に注目してみる。両人の年齢の差、十六年間に相当する学びと経験の量の多少が、結局のところ、動乱の渦の中における両人の活動に大きな違いをもたらしたと、老爺は結論つけるのである。加えて、神仏も何時も、若く、経験に乏しい彼、容保を兄、慶勝とは違って苦悩の淵に置いてきぼりにしたと見比べもするのである。

○　容保の晩年

容保が生涯を通して苦悩した話の続きである。彼は晩年になって大御所を祀った日光東照宮の宮司の職を引き受けた。そして在職中に没した。彼が同社の宮司を引き受けた理由を老爺なりに推し量ってみる。彼は日光東照宮という徳川宗族にとって特別意味のある場所において大御所、会津松平家歴代当主、そして自分のために命を落としてくれた家臣たちのために日々祈って謝りたかったのであろうか。不首尾が続いた自身の前半生を省みたかったのであろうかなどと、老爺は彼が同社の宮司になったことに対する疑問や問いかけは次々と浮かんできて、尽きることはありません。老爺にとって彼、容保もまた、大変に興味深い人物であるのだ。

加えて、偏向した教育、武一辺倒の教育を受け続けると、多くの場合、人を頑固、頑迷にするなどと指摘する人もいるが、容保の場合はどうであったのであろうか。彼が受けた会津松平の教育とは実のところ、何であったのであろうか。こうした教育は彼を何時の時点まで縛り付けていたのであろうか。教育に長年携わってきた老爺にとっては、彼に尋ねてみたい大きな疑問であるが、今となっては、詳細を知ることはできません。老爺はこのことを誠に残念に思っている。

以上で容保にまつわる話を終えるに際し、老爺は松平容保《かたもり》の生涯を簡潔にまとめておく。容保は、生来の資質に恵まれて生まれた。彼はその才知を磨き、かつ胆力をも養いながら、幕末期の乱世に侍、武士の統領の一人として真っ正面から立ち向っていった。しかし、彼が乱世に立ち向かうには特に年令と経験が不足していた。加えて、彼には会津藩独特の武士道教育が重くのしかかっていた。したがって、彼は養子先の家訓通りに侍のリーダーとして徳川幕府のために活動したが、政治的なかけひきでは不足していた。よって時、時代とうまく噛み合い、向かい合うことができなかった。

松平容保は智と才を十分に磨いており、胆力にも不足はなかったが、実に残念なことであったが、彼はその優れた智と才を開花させて活躍することはできなかった。彼は結局、武を誇る家の矜持と意地に翻弄され、彷徨った。加えて、彼は長期に渡って徳川宗家のためにと考え、苦悩し、苦闘したが、この間、神や仏も彼には微笑んでくれなかった。こうした事々が幾重にも重なった結果、彼は大変気の毒な前半生、そして、誠に寂しく心残りの後半生をひっそりと送らざるを得なかった。一言で言えば、〝松平容保は未完の才人であり、悲運の人であった〟となろう。明治二十六年没、享年五十九才。

◎　松平　定敬《さだあき》

老爺の第四話の最後に登場してきたのは美濃、高須松平家の八男、定敬である。彼は十四才の折に、伊勢の国、桑名藩の松平家のまだ幼子であった姫君の元へ婿入りした。彼の婿入り先も、大御所の異母弟であった松平定勝を藩祖とする徳川家由縁の家の一つであった。そして御家門大名家の一つであった。

○ 定敬の桑名松平家婿入りと要職下命

定敬は義母であり、育ての親でもある規の、「達者で桑名松平のお家のために尽くされよ。」、「そなたはまだ若い、今しばらくの間は学びと身体の鍛錬に励みなされ。」、「人生は長いので、いろいろと学び、そして経験を積むことは大切なことですよ。」、「この先、何か困ったことが出来した折には尾張の兄上を頼られ、相談なされ、そして力を借りられよ。」等々。義母の優しく、当を得た送別の言葉に送り出されて、まだ少女である幼妻の待つ桑名松平家に婿入りしていった。

定敬は桑名松平家へ婿入りして早、五年余りの時を重ねていた。彼はまだ自分磨きのま最中であった。こんな青年藩主の元に、〝京都所司代〟という大役（徳川幕府では老中職に次ぐ要職とされていた）が突然に飛び込んできた。幕府の閣僚たちは動乱のこの時期に、またしても、まだ二十歳になるか、ならないかの若く、経験もいまだの彼に対し、非常識、かつ無礼にも、大役を下命したのだ。ここにおいても、閣僚たちは〝大事は御家門の家に〟という、姑息な知恵を働かせ、白羽の矢を立てたのである。

まだ二十歳前の経験も乏しく、識見も不十分な若者、定敬に対し、徳川幕府は京都、すなはち、混沌極まりなく、問題山積みの京洛において働けと、大役を押しつけた。老爺に言わせれば、幕府執政たちの常識はずれであり、無責任極まりなかった。なお、彼の家、桑名松平家は御家門格の大名であり、石高は十一万余石でした。実のところ、この石高は閣僚たちの石高と大きく変わらなかった。この規模の大名家がこの時期、京都において長期間滞在し、職責を全うするのは大変な経済的負担であった。こうした負担を背負い込むのは最終的には領民たちであり、彼らに格段の無理を強いり、苦しめることになることは、誰にも容易に分かることでした。当然のこと、若い定敬にもこのあたりのことはよく分かっていた。

少し前の時代までであれば、京都所司代という役職は、譜代大名たちにとり、幕閣への登竜門として位置づけられていた名誉ある職でした。そこで、譜代大名の誰もが選任されるのを今か、今かと待ち望んだものでした。しかし、この幕末期における京都は、今も話したように、混沌としていた。こんな京都を仕切り、幕府優位を維持しなくてはならない京都所司代の職は、先の見通せないこの時期にあっては難しく、厳しい役職であり、徳川幕府の命運をも背負い込まされることであった。穏やかな平時における勤めとは違っていた。加えて大変な出費も予想される激務であったのだ。

江戸を離れて職責をこなすことは石高の小さく、蓄えの少ない大名には物いりでしかなかった。幕末の京都所司代の勤めは大変な役職、役目であると、誰であっても容易に判った。御家門格大名である定敬も、兄、容保と同様に、幕政をほしいままにしていた、狡猾な閣僚たち、すなはち、譜代大名や旗本たちの保身と責務転化の犠牲者に仕立て上げられた。譜代大名たちの幕府に対する不平や不満は、依然として解消されないままであり、彼らの横暴さは〝ますますもって健在なり〟と言ったところであった。

幕府内部は今や、譜代大名や旗本たちと、徳川宗族の大名たちとに二極化した感があった。閣僚たちの真意や狡《ずる》さにまだよく気が回らなかったであろう、二十歳前の松平定敬は桑名藩の心利いた家臣共々、意気揚々と京都へ入った。そして休む間もなく、京都守護職として孤軍奮闘中であった六才年上の兄、松平容保とともに懸命に務め始めた。彼らは京洛の治安維持、朝廷・公卿の監視と対策、西国大名の監視と対策、不貞浪士の監視と対策等々、諸々の問題に対して互いに協力しあいながら、全力を傾注していった。

しかしながら、すでに猛烈な勢いで回転し始めていた歴史という巨大な歯車を前にした時、若い二人は人物、識見ともに未だ力不足であり、場違いの役務を強いられたのである。なお、こんな二人には当然のことながら、藩選りすぐりの家臣たちが随伴していたと考えられるが、そんな彼らをもってしても、激動の京都での務めは荷が重いと言うのが実のところでした。この時期の京都は少々の才知や知略をもっていた者であっても、立ち向かえるような代物、場所ではなかった。京都は権謀術数が飛び交い、複雑怪奇に充ち満ちていたのである。

○　慶喜の遁走

徳川幕府、すなはち、徳川慶喜将軍が朝廷に大政を奉還した直後の、慶応四年（１８６８）の出来事である。松平定敬京都所司代は従兄弟の徳川慶喜将軍や兄の松平容保京都守護職などとともに、幕府の軍艦でもって大坂から江戸にもどってしまった。幕府側の総指揮官である将軍、加えてその他の要人の面々がいなくなった幕府軍は、人、物ともに倒幕軍に勝っていたにもかかわらず、この遁走《とんそう》事件の直後、鳥羽・伏見での戦いにおいて惨敗してしまった（戊辰戦争の最初の戦い）。鳥羽・伏見における幕府軍の敗戦を機に、徳川幕府や慶喜を始めとする従兄弟たちなど、佐幕派軍の面々の立場は一転した。朝敵へと変わったのだ。参考までに、戊辰戦争と呼んでいる戦いのことである。戊辰戦争とは一般に、幕末期に処々方々において次々と起こった一連の戦いをまとめた呼び方である。すなはち鳥羽・伏見での戦いに始まり、江戸・上野における彰義隊の戦い、越後・長岡での戦い、磐城・会津の戦い（別称、北越の戦い）加えて蝦夷・函館の五稜郭の戦いにいたるまで、二年ほどの間の戦いをまとめて呼んでいる。

話のついでに、時の将軍、徳川慶喜を始めとする従兄弟たちの大坂城からの集団脱出事件について、老爺の見解をここで披露しておく。慶喜が従兄弟ともども強引に江戸へ帰還してしまったことの背景に関る老爺の見解である。本件は慶喜の、大政奉還という恭順の態度表示と、二人の従兄弟たちに対する、彼流の気遣いの発露であったのだと、老爺は推測している。特に、慶喜はこの時、肉親に対する一途な思いが頭の中を占めており、従兄弟たちの無駄働きと無駄死にを回避させたいと願っていたと、老爺は推察しているのだ。

以上のように、慶喜の行動は人間本来の心情に赴《おもむ》いたものであったと、老爺は理解している。こんな老爺の見解に対し、「慶喜は大勢の幕府軍の命は尊く思っていなかったのか。」、「著者、老爺は、慶喜を買いかぶりすぎている。」、「老爺の考えすぎである。」などの声が方々から飛んできそうである。しかし、老爺はあえて抗弁しておきたい。武士の長としてのもう一つの顔を持っていた慶喜将軍はこの時点では、倒幕軍の三倍もの勢力を維持していたとされる幕府軍の侍たちが一方的に惨敗してしまうとは考えていなかった。そして大量殺戮《さつりく》を回避したかったのだと、老爺は洞察している。

○　定敬の暴走

定敬らが江戸へ逃げ帰って間もなく、まだ二十二才の若者にも、官軍から厳しい沙汰が届いた。その内容は登城禁止、謹慎、そして江戸退去であった。血気盛んな彼はわずかな家臣とともに江戸を飛び出し、桑名藩の飛び地の領地のあった越後の国、柏崎へ向かった。官軍との闘いをさらに続けると決めての行動であった。彼は柏崎において随伴してくれる軍隊の体制、軍容を整え直した。そして彼は会津へ向かう道すがら、官軍と戦いを重ねながら、兄、容保が孤軍奮闘中であった会津、鶴ヶ城にたどり着いた。彼は会津において自分同様に追い込まれていた兄と久々に再会した。そしてしばらくの間、官軍相手にともに果敢に戦った。

こんなある日、会津鶴ヶ城の落城前のことであったが、定敬は城を抜け出し、会津の地を離れていた。彼は佐幕派の軍容強化や戦線拡大などを画策し、具体的に実現するため、佐幕派大名による奥羽越列藩同盟の拠点となっていた仙台へ向かったのである。しかし、彼が頼みの綱とした仙台藩の伊達家は早々と官軍に対して恭順を宣言してしまった。彼は最早、〝万事休す〟の状態であったが、頑固なことに、函館に渡ってさらに戦うことに決めたのだ。

定敬は今や意固地になっており、佐幕派として戦うこと以外、何も見えなくなっていた。ただ、老爺は彼のこうした一途な行動を知ると、「戦いによって現状を打破したい。」「徳川将軍に仕える武士の長の一人としての面目を貫徹したい。」などという、彼の前向きの思いだけは、それなりに評価してやりたいと思う老爺である。加えて、彼は胆力を養いつつあったともみている。とは言ったものの、老爺はこうした思いの一方で、彼に対し、十分な知力と経験に裏打ちされていないような胆力の発露は、無用の長物以外の何ものでもないと、苦言を呈しているのである。

思い詰めた状況においこまれていたこの時の定敬を、人とその命が第一だと考えて人生を歩んでいる兄、慶勝と対面させたと仮定しよう。兄は即座に、「人を愛し、その命を大切にするは、人本来の務めである。」、「己の命を粗末にするでない。」、「他人の命を何と心得ているのだ。」、「世の中の動きをよく読むのだ。」、「人の思いをよく読み、よく察するのだ。」、「よく考えて身を処するのだ。」などと、彼を厳しく叱責したに違いありません。その上で、彼より二十二才年上であり、知恵が回り、加えて、経験にも事欠かない兄のことである。彼に対して具体的に知恵を授けてくれたり、実際に助力してくれたことに違いありません。

しかし、残念なことであったが、定敬が困り、迷った時、兄は傍《かたわ》らにはいなかった。事実をお話すれば、彼が何時も、このようになるように己を追い込んでいたからだ。その理由である。彼は兄、慶勝が最も嫌った、人間性を失わせ、人の命を粗末にする戦場に身を置き、兄と会う機会を自ら塞ぎ、遠ざけていたのだ。彼は同時に、桑名松平家への婿入りの折、義母がかけてくれた忠言もすっかり忘れていた。結論を端的に言えば、彼は何時も、自分を孤立無援状態に独善的に追い込んで、若さにまかせて、ただ盲進していたのだ。

定敬は五稜郭においても、戦いの終結をみることなく、外国船を頼って上海へ逃れていた。彼はこのように何かしらの〝かん〟が働き、〝つき〟をもっていた御仁のようだ。何処にあっても、死を巧妙に避けていたのだ。上海において、独りでいろいろ見聞して学び、同時に、経験を積む機会を持った。しかし、彼には上海の水もまた、苦かったようであり、この地に長居することはなかった。彼は外国船に渡りをつけ、横浜の港に無事にもどってきた。彼は横浜上陸後、屯所（この時、尾張藩がこの地の警護を担当していた）に出頭した。そして、彼は戦犯として拘留、拘禁された。彼はこの時、殊勝にも、新政府の裁きを受ける心境に変わっていた。

囚人《めしうど》となり、俎上《そじょう》の鯉《こい》状態におかれていた定敬は、兄たち、慶勝や茂栄による懸命な助命嘆願活動の成果により、伊勢の国、松阪の藤堂家への永預かりという、軽い処分を受けただけで命拾いをした。豪傑たちがまだ裁量権を握っていた動乱の終末期であったので、彼は彼らの融通ある裁きの恩寵《おんちょう》に浴すことができたのだ。もちろん、老爺は兄たちの懸命な助命勝活動の効果と成果を軽んじるものではありません。定敬という御仁は人任せ、他人任せであることも多々あったが、何かしらの運をもっていた不思議な人であった。

○　定敬の晩年

定敬は高須四兄弟の中で最も若かったし、長寿にも恵まれたので、明治四十一年まで、六十三才まで長生きした。老爺はこんな彼の日本帰国後の足跡を改めてたどってみた。しかし、いろいろな経験を積んでいた彼が心機一転、新しい思い、決意をもって世の中に向かって挑戦した、人生を切り開いたという痕跡を老爺は探してみたが、見いだせなかった。古来より、〝艱難辛苦《かんなんしんく》は人を珠にする〟などと言われているので、老爺は注目してみたのだが、実際の彼は違っていた。

長きにわたってのめり込んだ修羅《しゅら》、殺戮《さつりく》の場での日々が、定敬という人間をすっかり変えてしまったのであろうか。それとも、罪を犯した者の身は、昔も今も同じであり、世間を狭く、そしてひっそりと活きるしかなかったのであろうか。たぶん、彼の場合は両方の状況を併せて抱えもって苦悩していたとみるべきだろう。いずれにしても、凡人である老爺には今一つ解りかねる定敬という人物である。おそらく、この有り様こそはお殿様育ちの有り様なのかもしれません。そうであれば、殿様ではない、凡人である老爺にはよく分からないのは当然のことでしょう。

定敬は明治二十六年、兄、容保の死去によって空席となっていた日光東照宮の宮司の職を引き継いだ。そして彼自身が没するまでの間、約十五年間に渡って在職した。特赦の下、世間の耳や目を気にして生きざるをえなかった彼であった。こんな彼には、この宮司職こそが、自身が納得でき、心を休めることのできる、数少ない職であったに違いありません。彼はこの職に就いたことで、やっと、長い時をかけて己の心と真摯に対峙できるようになったに違いないと、老爺は推しはかるのである。

○　定敬が教えてくれた事々

幕末という動乱期を一生懸命に生き抜いた松平定敬という人の足跡をみていると、老爺は彼の行動や生き様からいろいろ考えさせられ、教えられるのである。これらの事々をまず、具体的にあげながら、話をさらに進めてみたい。

まずは老爺が思い描いている正当な学びである。正当な学びはその場限りのことではなく、続けて学ぶ、学び続けることがまずもって大切である。以下、学ぶための良き理解者、あるいは師匠を身近に持てれば、よりよい。学びで得た成果を知識の段階で留め置くのではなく、知、知恵へと変換する。健全な身体、知恵、そして冷静な心をもって事に当たるように自分を鍛える。恐れることなく、さまざまな事ごとに果敢に挑戦して経験をする。経験したことの成果や不首尾についてをよく反省し、考える等々。これら一連の事々こそが、学びの要点であり、大切にすべき事々であると老爺は理解している。動乱期においてだけでなく、平時においても、こうした事々が如何に必要であるかを、凡人である老爺は改めて彼から教えてもらった。

定敬も兄の容保同様、徳川幕府や徳川宗家のために全力を尽した人生中盤を送った。改めて、そのあらましである。彼も兄たちと同様に、若い頃から将来を嘱望されていたので、由緒ある大名家に婿入りできた。しかし、一段の自分磨きをする、すなはち鍛えることはもとより、広く、そして深く学ぶこと。その後、実際に応用し、そして経験を積むこと。これらの事々が彼には必要でした。しかし、彼は幕府によって、こうした事々とは無縁の地へ追いやられてしまった。人としての厚みや深みを養なう機会を取り上げられ、幕末の荒海に無理矢理に投げ込まれてしまった。こうしたことの結果、学びと経験の不足のままの彼には、若さを頼りにすることしか残されていなかった。そして、動乱の中を無我夢中に泳ぎ回るしかなかった。

続いて、定敬の人生の終盤における有り様である。彼は兄、容保の後を追って日光東照宮の宮司として十五年間を過ごし、在職中に没している。彼はここ、日光においてやっと、穏やかな十五年という孤独で静謐《せいひつ》な時を始めて手にした。物事を真摯に考える時をやっと得たのだ。宮司として役目を務めながら、彼は自身のいろいろな点に気づき、省《かえり》み、そしてさまざまに考えることができたに違いありません。老爺は例によって、こうした彼の後悔《こうかい》の諸々について、その心の内に押し入って推し量ってみる。

定敬は実のところ、婿入りした後、今しばらくの間、学びと身体の鍛錬に勤《いそ》しみながら、藩政運営にも徐々に係わる、すなはち実学をも学び、経験し、高め、深めたかった。加えて、人間力や胆力を練り高めたかったに違いないと、老爺は推し量る次第だ。武士の長としてよりも、為政者として道を究めたかった。育ての母、規から桑名松平家への養子入りの折に声をかけてくれたように、兄、慶勝の教えを直に乞いながら自分を鍛え、養ってみたかった。さらには、兄のような賢人や、史上の偉人たちの足跡を学び、たどり、自分の行動の糧《かて》、足しとしたかった。その上で、これら諸々の積み上げの成果を藩政に反映させ、その成り行きを家臣、そして領民たちとともに分かち合い、喜び合いもしたかった。戦いはしたくなかった。戦いは嫌であった等々でありましょうか。

○　学び、そしてその重要性

老爺は定敬の生涯について皆さんにいろいろ話してきた。彼は学びが不十分なままに、加えて、経験の積み上げも不十分なままに徳川幕府の閣僚たちによって、幕末という、半端でない激動の世界に放り込まれてしまった。当然のこと、彼にはこの時点では、自身の行動に関し、反省したり、工夫を凝らしたりするという習慣は身に付けていなかった。加えて、彼は身近に人、師あるいは相談役などに恵まれなかった。

定敬はこのような有り様、すなはち未熟のままであったので、戦いにのめり込み、戦いに明け暮れする武人の日々から抜け出すことができなかったと、老爺はみている。こうした有り様は、彼が人尊重、人命第一が人生を歩む上で、何よりも大切なことを学び、知る機会を失ったことでもある。いや、彼が侍の長であり、若かったために、彼自らがその機会を拒否したと言ったほうがよいかもしれません。よって、彼は人が生きてゆく上で最も大切な、人とその命を尊ぶを自ら学び、会得、そして納得できないままに人生の前半を生きた。残念なことに、戦いだけに明け暮れたのである。

○　徳川慶勝などを大成させた学び

ここらで、老爺が常日頃、思い描いている、〝学び〟、教育に関する考えや見解を整理してみたい。当然のことであるが、老爺も現代人の一人であるので、人は元々尊ばれる存在であり、人には上下はない。人それぞれは自由、かつ平等である。加えて、人はお互いに信じ合い、支え合って生きているとの、大原則は身に付いており、こうした有り様は当然のことだと考えている。

老爺は本書のいたるところで先人たち、特に、偉人たちの生き様を探り、学ぶことの大切さを話してきた。老爺の考えている学びのあらましを改めて箇条書きにしてみる。広範に学ぶこと。学んだこと、成果を智、知恵に変えて蓄えること。こうした知恵が教えてくれる意味や意義を考え、理解を深めること。考え、理解した事々を元にして新たな事に試み、挑戦すること。挑戦した結果について広く、そして深く分析し、反省すること。等々を繰り返すことが学びなのである。なお、老爺のこうした箇条書きだけではまだ不十分であるので、以下の点を補足し、よく理解しておかなくてはなりません。

学ぼうとする者はまず、〝学ぶだけで、（学んだ事々について）考えないのであれば、何も知らない、分っていないのと同じである〟、との言葉が大切である。この言葉の意味をよく分析し、咀嚼しておきたい。学んだ事々を智や知恵へと変換して蓄えることを忘れてはいけません。なお、今話した知恵の意味であるが、知恵とは、悩み考えるという苦難を通して初めて会得できるものである。この言葉の意味だけでは、老爺が日頃思い描いている〝学び〟ではありません。次の言葉の意味もさらに付け加えなくてはなりません。その言葉である。〝学んだ事々は工夫を凝らし、いろいろな場において試してみて、役に立つもの、知恵にしておかなくてはならない〟、のである。

さらに立場を変えて話すとすれば、もう一言付け加えておくことも必要である。本来の良好、かつ良質な学び、学識が深まる。しかし、学識が深くなれば、大業が成し遂げられると、言うほどに、学びは単純なものではありません。〝学びには体験し、経験することを繰り返すことが伴っている〟のである。

こうした事々を踏まえた学びを積み重ねてゆくことから、〝胆力〟が養え備わってくるのは当然のこと、〝計画力〟にも目が向くようになり、前向きで事に挑戦し続けるという姿勢もより確かなものとなる。さらには、これらの事々に加え、時、時の運に恵まれ、叶う事々も増え、大きな成果になると老爺は考えている。しかし、ここまで揃えて事に臨める人は滅多にいません。なお、これら総て揃えるように努めながら、世の中に立ち向った徳川慶勝は結果、すばらしい成果、功績を挙げられたのだと結んでおく。

学びにまつわる話の最後に、蛇足だと言われるかもしれませんが、大御所の御三家、吉宗の御三卿の設置に関する参考として、老爺が得心した話を披露しておこう。この話の主人公は昆虫のミツバチである。この生き物は皆さんもご存知のように、一匹の女王ミツバチを中心に、多数の働きバチと雄バチが集団生活をしている。彼らは定期的に、春や夏に分蜂《ぶんぽう》と呼ばれている大行事を行なう。なお、この行事に先だって、一匹の女王ミツバチの新たな誕生がみられる。注目の行事はこの新女王ミツバチの誕生後、しばらくして挙行される。

親の女王ミツバチはこれまで引き従えていた集団を二分し、その半分とともにこれまで生活していた巣から出てゆく。換言すれば、親女王ミツバチは巣、働きバチ、雄バチという財産を子の女王ミツバチのために残し、自身は手慣れた集団の蜂たちの半分を連れ立って出てゆくのである。そして、親女王ミツバチたちは新天地をみつけ、そこで新たな営みを始める。一方、新生女王ミツバチは親女王ミツバチが造った家（巣）とよく訓練されたミツバチたちを引き継いで、その日から普通の営みが開始できるのだ。ミツバチのこうした行為は、人の有り様とは大きく違っている。

人間界では今も昔も、未熟で、世間しらずで勉強・修業中の子供が家に親と同居を続ける。そして外で学びながら、内では親を見習って暮らしてゆく。そして時が経つと、子はつれ合いを見つけ、親から離れて家をでる。その後、自分育てや子育てをしながら、経験を深めて新たな家を造りあげてゆく。対するミツバチは経験豊かな親が家を出て、新たに家を造り新女王蜂は、暮らし始める。同時に、経験豊かな働きバチにかしずかれて生活を開始する。ミツバチのこのやり方には、節約や合理性などの点からみても、一日の長や利があると老爺は認めるのである。老爺は大御所や吉宗の分家創設を思う時、ミツバチを思い出し、改めて感心し、感服する。このように自然界と、それを構成している生物たちの営みも、人の学びのよき師匠であると、老爺は言っておきたいのである。

今も話したように、大御所や吉宗はそれぞれ、息子たちのために物使い、気使いをして家々を興した。これらの家々のうち、大御所による家々はその後、宗家当主たちと執政たちの身勝手によって宗家自身を危うくした。もう一方の吉宗による家々はその不備、不完全さのために家々自体が危うくなり、加えて宗家をも危うくするのを加速した。双方を危うくした御三卿の家々の場合であるが、彼ら創設者の没後、さまざまな問題の種となり、その後、いろいろな問題という悪の花々を咲かせた。家を創設することに関し、老爺が今、紹介したミツバチの分蜂の話である。ミツバチの有り様はしごく自然であり、合理的であると、改めて思うのである。

自然界、特に生き物たちの日々の営みの中には真理や原理が詰まっていると、老爺は実経験もあって、常々思っている。人は植物界や動物界における営みや有り様をもっと注意深く見つめ、学び、そして応用してゆかなくてはならないと、自然科学の分野に身を置いた老爺であっても、今回、改めて学び、認識し直した次第である。なお、自然界は歴史と同様に、人が生きてゆく上で大切な真理と知恵が潜み、溢れている場である点を強調しておく。

さて、松平定敬《さだあき》に関わる話をまとめておく。定敬は兄たちと同じように、資質的には優れたものを持ち合わせていた。こんな彼には何よりも、幅広い教育を継続し、深化させることに加え、政務などを通して実学を学ぶこと、経験を重ねて人格を磨き、深めることなどが必要でした。しかし、彼は実際では、自分が進んでゆくべき道を徳川幕府によって勝手に、そして強引に決められてしまった。

その結果、定敬は徳川武家政権によって走狗とされてしまった。彼は阿修羅の道へと追い込まれてしまった。さもなければ、定敬という人は自分を見失い、戦いに埋没するようなこともなく、随分と違った人生を歩んだことであろうと、老爺は推察し、評価している。そして同情してもいる。彼を一言で話せば、彼は世の中に本格的に登場するのがまだ早すぎた、若すぎたことに尽きるであろう。明治四十一年没、享年六十三才。

結　び

尾張徳川家の分家、美濃の国、高須松平家の四兄弟たちの幕末期における生き様は、現在を生きている我々にとっても大変示唆に富んだお手本である。特に、三人の弟たちの生き様は著者のような凡人とも相通じるところが多々あったので、彼らは我々に対していろいろな事々を具体的に考えさせてくれ、教えてもくれた。彼らが我々に残してくれた教訓の数々をまず、現代風に箇条書きしてみる。

人は幼少期からいろいろな学問や武道（今日であれば、各種のスポーツになろう）に精進して心（精神）と身体とを養い、育む。以降も身体を鍛練を続けて強い心を育てながら、学びも深める。学びによる成果である知識を知、知恵などという水準に変えて蓄えることに専念する。その一方で、道を探し、求めてゆくことも始める。求めた道において資格や地位を得るように努めて実現する。手にした地位や資格の下でさらに鍛え、たえず努め、そして、成長を計る。こうした事々に加えて、以下の事々にも留意し、実現してゆきたいものである。

加えてできるだけ早い時期に尊敬し、信頼できる師、助言者あるいは協力者などを見つけられれば本いなことである。そして、師や協力者などから教えを乞う、時には助言、助けを求める。同時に、事に立ち向かってゆく強い心、すなはち、覇気をも育み、養う。このようにした上で、物事に挑戦してゆく。たとえ、失敗したとしても、へこたれることなく、失敗を次の挑戦のための糧として繰り返し挑んでゆく。等々でありましょう。世の中をこの通りに生き抜けられた人であれば、この人はどんな時代であっても、その生涯はすばらしいものになっていることにま違いありません。このように励んだ人には時だけでなく、神仏の加護を授かるかもしれません。さすれば、この人は大人《だいじん》、大成功者などと呼ばれるようになっているだろう。

美濃の高須松平家の兄弟たちはいずれも、幼少期から自ら進んで学び、かつ鍛えたので、評判の若者となった。その結果、生家（尾張徳川家の分家）よりも格上の大名家に請われて養子入り、あるいは婿入りした。おりしも、時代は維新前後の乱世の真っ直中であった。彼らは従兄弟である徳川慶喜第十五代将軍の影響を受けながらも、結束力が強め、助け合って嵐の世を果敢に生き抜いた。

兄弟は幕末という古今未曾有の荒海の中で学び、普段ではあり得ない、さまざまな経験を積み重ねながら活動を重ねていった。彼らの中には、辛い挫折感を味わった者、時節にそぐわなかった者、不運をなげいた者、自暴自棄の時を経験した者もいた。いずれにしても、彼らは次から次へと変転、展開していった幕末期を生き抜き、明治という時代を迎えた。そして最後には、いずれも穏やかで、心静かな日々を過ごすことができた。

高須四兄弟の生涯を改めて個々にまとめておく。彼らの中で慶勝だけは堅固で揺るぎない胆力を磨き日本史上有数の激動の時代に備えることができた。彼は生来の胆力を磨き上げたとともに、絶えず知力も養い、磨きながら賢く、かつ慎重に活動を積み重ねていった。そして幕末という激動を渡り切った。その中で、数々の功績を積みあげた。彼は日本の国と人々のために懸命に働いてくれた。彼はその後、明治の世になっては、大変いさぎよかった。納得できる自分の人生を設定し、その通りに余生を送って天寿を全うした。

慶勝に対する三人の弟、茂栄、容保、定敬たちである。彼らも兄と同じ激動の荒海を浮きつ沈みつしながら、何とか明治という彼岸にたどり着いた。中には、心ならずも、汚名を頂戴して新時代を迎えた者もいた。人々にたびたび助けられてたどり着いた者もいた。その後、三人はともに明治の世を心穏やかに生きられたが、朝敵という前歴をもっていた者は、新時代の歯車ともうまく噛み合わせられず、今一つ悔いの残る人生を終えた者もいた。

ここで改めて、四兄弟の生涯を下世話な言回しでもってまとめ直してみよう。慶勝だけは出来、珠が違っていた。こんな彼には人々は当然のこと、時や運までもが味方してくれて事績や功績を一段と際立たせてくれた。彼にはこれと言った師匠や参謀などはついていなかったが、自らが絶えず知を蓄え、経験を高めるとともに、考え続けて着実、かつ堅実に行動した。こんな彼は生来の胆力も持ち合せていた。加えて、彼は人生に対しては謙虚であり、〝人は尊く、その命は大切である〟を座右の銘とし、冷静、大胆、そして迅速に人生に立ち向かい続けた。そして動乱の時代を毅然と駆け抜けた。激動の幕末にあって爽やかな旋風を巻き起こした。その結果、彼は日本史上始めての人道主義者、平和主義者として日本国と、その民を救い、守り抜いてくれることになった。

徳川慶勝こそは類い希な賢人であり、傑物であったと断言してもよい。真の賢人、傑物は乱世にあってこそ、一層光り輝くなどと格言でも言われているが、彼は人生をこの通りに生き抜いて、自ら証明してみせた。しかし、残念なことだが、人々は今日、彼をすっかり忘れてしまっている。彼こそは単なる傑物、賢人ではなく、日本の国と国民にとって大恩人であり、大賢人であったと言うのに・・・。私たちは彼とその行いを忘れてはいけません。そして彼の足跡を語り継いでゆかなくてはなりません。日本史上、彼と比べられる博愛の精神に満ちた人物を著者は知りません。

一方、三人の弟たち、茂栄、容保、定敬である。彼らはいずれも資質的には優秀であったが、胆力に欠けていたり、経験不足であったり、あるいは世に出て活躍するには若かすぎたりした。さらに言い添えれば、彼らは学び、経験、あるいは胆力のいずれかにおいて不十分であったので、幕末という動乱期にうまくかみ合って立ち向かえなかった。彼らはややもすれば、時代という巨大な歯車に翻弄《ほんろう》されることが多かった。

三人の弟たちはいずれも潜在能力は持ち合わせていた。特に、下の二人はまだ若く、未熟で経験が足りなかったがゆえに、知力や胆力の養生において不十分であった。加えて、彼らはいずれも身辺に師匠、指南役など呼ばれる人物を置くことができず、適切に行動できなかった。当然のこと、好い運にも恵まれなかった。こんな彼らも、維新前後という時代からもう四、五拾年前の、穏やかで歩みの遅い時代に行き会っていたならば、名君、名閣僚などとして江戸時代史上にその名を残したかもしれません。人とその生涯というのは得てして、こうしたものなのでありましょう。

著者、老爺は今回の日本の歴史探訪を通して、人における学び、教育の大切さ、重要さを改めて認識しました。その一方で、教育の難しさ、教育の秘めている恐さをも再認識しました。加えて、今日の日本国は史上かってなかった高学歴社会を具現している。日本はまっとうな教育を受け、知恵を磨いた才能、才知の人々で満ちあふれていることに改めて気づきました。こうした人々が数多く存在していることは、日本が世界に向けて誇ることのできる最高の宝物であり、資源であると気づきました。国はこの人的資源の効果的で、効率的な利活用に向けて全力を注いでいってほしいものである。

老爺の話も最後になってしまいましたが、拙い説話におつきあいいただきました皆様方に対して衷心より感謝し、お礼申しあげます。

あとがきにかえて
日本の恩人、徳川慶勝公を崇敬し、顕彰しよう！

日本国と国民は現在、経済停滞という渦の中に堕ち込み、悩んでいる。この国は国民総生産額の何倍もの借金を抱え込んでいる。この国は今や、国民の美徳であった貯蓄をさせないような国に変わってしまった。この状況は江戸時代、停滞の中にあった日本、そして昭和２年（１９２７）の金融恐慌後から第二次世界大戦敗戦までの日本とよく似ている。この国は明治期から大正末期までの間、国民の猛烈な努力、勤労と貯蓄などがあり、西欧諸国に追いついた。同様に、第二次大戦敗戦後も、国民は勤労と貯蓄、そしてそれらのもたらす結果を信じて懸命に働き、蓄えた。その結果、経済は復活、成長し、世界有数の経済規模を誇る国に復活した。

国民の暮らしはこうした働きによって安定し、子弟は高等教育を広く受けられるようになった。ところが、この国はここ20年余りの間、舵取り役の無為無策もあり、特に経済は不調を極め、成長や安定とは無縁となり、彷徨（さまよ）い始めた。国民は自分の将来に不安を感じ、国は明日の展望が持てなくなっている。

同時に、富む者と貧しい者とに二極化が急速に拡大、進行している。育ち初めていた中産階級が力をなくしつつある。日本と国民は今、大変心配な状況に陥っている。ここでも、江戸時代の武家と庶民たちの関係と重なってみえる。

日本国は今、目標を見失っているだけでなく、様々な分野における国際的地位までが低下し始め、留まるところを知らない。この一方で、この国は今、史上初めての高学歴者で満ち溢れている。しかし、この知恵有る大集団をこの国は生かし切れていません。残念なことだが、この大集団は国や国民のために正しく働いておりません。政治の貧困と国民の無関心を指摘せざるをえません。事実上、世襲制と化した政治家たちは、江戸時代の世襲制そのものであり、不勉強であった譜代大名たちと重なってみえる。事実、この国の国政選挙における選挙民の投票率は現在、50%を割っている。この点は国民の責任であり、国民はこの点を強く自覚し、反省しなくてはなりません。日本国と国民は今、大きな曲がり角にあるのだ。

今こそ、国と国民はその力と行動を世界から問われている。こんな国と国民には確たる指針と拠り所が必要である。人は困った時には原点に立ち返えればよい。こうした自省法の一つとして、歴史をひも解き直し、国と国民の未来を模索することが考えられる。この歴史点検の場合のキーワードを挙げれば、人間尊重、国民第一主義、教育の強化と実践、そして自由と平和などに向けて行動であろう。これらは徳川慶勝公の人生における生き様と行動と重なっている。公についてよく学ぼう。そして、公という人をよく知り、今後の日本と国民のための指針としてゆきたいものである。

著者、老爺は幕末から明治初期にかけて大活躍した徳川慶勝を中心に据えて一通り話をしました。彼は他に類を見ない数々の事績、業績を挙げ、そして歴史への深い関わりを持った。実に、公と呼ぶにふさわしい人物であった。しかし、公は今、歴史の狭間に埋もれようとしている。老爺は皆さんに公について話をしている間に、公に対して尊い思いを抱き始め、育んでいました。

老爺の徳川慶勝公に対する深い思いである。公は人とその命は何よりも尊く、大切であるとして、徳川御三家筆頭の家の当主という立場を乗り越えて行動しました。そして幕末という激動期を彷徨《ほうこう》していた膨大な数の人々の命を救い、かつ日本国を西欧諸国の侵略から守り抜いてもくれた。「公こそは日本史上類い希な人道主義者であり、平和主義者であり、加えて大功労者、大恩人である。」と、老爺は強く認識し、評価しました。この評価こそは老爺の公に対する感謝と報恩の思いの裏がえしでもある。

老爺は日本国の民の命と、日本という国を救ってくれた大恩人、徳川慶勝公に感謝し、恩義を感じなくてはならないと痛感するようになっていました。そして公を「末永く崇敬してゆかなくてはならない。」、

「顕彰しなくてはならない。」などと考えるとともに、公を称《たた》えねばならないと願うようになってもいました。老爺は、読者の皆様、さらには全国の皆様に対して我らが恩人、徳川慶勝公を崇敬し、顕彰することをここに提言いたしたく存じます。皆様にはよろしくご賛同いただきますようお願いする次第であります。

徳川慶勝公を崇敬し、顕彰しようとの著者の提言は、当然のことであるが、国民各位に対して広くお願いすることが本来であり、本旨であります。しかし、公は現在、日本の人々から忘れられ、歴史の狭間に埋もれようとされています。そこで、著者は公の偉大な功績を国民各位に改めて、広くご認識いただき、顕彰に値するとのご賛同とご納得を得ることこそが最初の仕事であり、務めであると考えるに至りました。加えて、歴史家の皆様におかれましては、本旨に対してご賛同いただきたく老爺は切望するものでございます。

老爺は、徳川慶勝公を崇敬し、顕彰する活動を本格的に立ち上げると同時に、日本史家の皆様にお力を拝借することが必要だと気づきました。歴史家諸兄にはどうか、日本の幕末史において慶勝公が誠心誠意行動され、貢献された考え方や功績を高く評価していただきたい。その上で、これらの事々を広く流布し、教導いただきますように心よりお願い申し上げる次第でございます。

明治政府とその船頭役であった元勲たちは、事実上、頂点に天皇をいただく絶対君主制を採用しました。この有り様は天皇が将軍と置き換わっただけでした。この事と同時に、人とその命を何時も、そして何処でも尊重して行動された維新の大功績者、徳川慶勝公自身とその心情を元勲たちは置き去りにしたのである。その後、明治政権は時代が進んで、明治憲法を発布して立憲君主制へと立ち位置を修正したかにみえた。しかし、看板は新しくなっても、維新前の堕落した武士による政治と画期的に変わってはいませんでした。彼らは立憲君主制の名の下、裏では帝国主義の道を選び、富国強兵に邁進した。そして他国を犠牲にしながら領土拡大へと突っ走っていきました。

明治政府は実際には、武を前面に押し立てる富国強兵政策と、天皇を頂く帝国主義の道を採用してひた走っていったのです。同様に、明治初期には考えを異にする人々を武力でもって鎮圧しました。その後、明治政府は自分勝手な権威を他国に押しつけるという道、すなはち、覇権主義の道をひた走っていきました。さらにはその後の頓挫、敗退へとつながる道へと突っ走っていきました。これらの事々は歴史家諸兄には釈迦に説法、よくご承知の事柄でありますね。

日本が道を踏み外し、血にまみれていった根源には、人の血を流すことを厭わなかった、多くの元勲たちがいました。彼らは揃いも揃って、〝人とその命の大切さ〟について考え、大切にしたことは一度としてありませんでした。日本が道を誤っていった原因はこうした元勲たちにあり、その後、軍国化の道を突き進んだのも彼らに遠因があったと、著者は判断せざるをえません。老爺は日本の近代史をかように学び、理解しています。

日本の国と国民は、今後もいろいろな事々に遭遇し、挑戦し、そして克服してゆくことでありましょう。日本と国民は二度と同じ道へ戻り、辿《たど》ってはいけないと、老爺は考えています。つまるところ、徳川慶勝公のように、〝人を愛し、その命を大切にする〟ことこそは日本人、今日では世界の人々が共に活きてゆく上で、片時も忘れてはいけない、最も大切な要点であります。歴史家の皆様にはこの点も併せて、日本の若者たちにご教導、ご周知、そしてご徹底願えたら何よりのことと、老爺は考え、お願いする次第でございます。

歴史家の皆様に重ねてお願いいたします。皆様には、日本の歴史をこれから新たにつくってゆく若者たちに正しく、そして、宜しく伝えるよう、教育頂きますよう重ねてお願いいたします。彼らに対する歴史教育において、〝徳川慶勝〟という人物を先ずもって知らしめていただきたいのであります。公の人生に於ける信条の中心、〝人を愛し、その命を大切にする〟をよく教育し、知らしめていただくようご協力、そしてご尽力賜りますよう重ねてお願い申し上げます。

（了）

【参考資料】

・相賀　徹夫編（１９６９）、『日本百科大事典』、小学館。

・新村　出編（１９９１）、『広辞苑』、岩波書店。

・亀井　宏（１９９５）、『尾張の宗春』、東洋経済新報社。

・中村彰彦（１９９７）、『覆された日本史』、（株）日本文芸社。

・日本博学倶楽部編（１９９８）、『歴史の意外な結末』、ＰＨＰ研究所。

・日本博学倶楽部編（２００１）、『歴史の意外な「ウラ事情」』、ＰＨＰ研究所。

・笠原一男・児玉幸多編（２００３）、『続々日本史こぼれ話　近世・近代』、山川出版社。

・児玉幸多編（２００４）、『標準日本史年表』、（株）吉川弘文館。

・亀井高孝編（２００３）、『標準世界史年表』、（株）吉川弘文館。

・野澤　武史　発行（２００８）、『詳説日本史図録』、（株）山川出版社。

・山口慶一（２０１０）、『気象と食糧から見た21世紀版日本の歴史』、アイシーアイ出版。

・守屋淳訳（２０１０）、『現代語訳　論語と算盤』、（株）筑摩書房。

・鞍馬　良（２０１２）『秀長さん』、文芸社。
・人文社編集部　編（２０１２）、『切絵図・現代図で歩く江戸東京散歩』、（株）人文社。
・高橋伸幸　編（２０１４）、『歴史人』、No. 40, ＫＫベストセラーズ。
・磯田道史（２０１７）、『江戸の家計簿』、（株）宝島社。
・浅田次郎（２０１７）、『黒書院の六兵衛（上）（下）』、（株）文芸春秋。
・株式会社ライブ編（２０１７）、『西郷どん大百科』、株式会社カンゼン。
・半藤一利（２０１８）、『歴史と戦争』、（株）幻冬社。
・都市研究会編（２０１８）、『地図と図形で楽しむ名古屋散歩』、（株）洋泉社。
・奥山景布子（２０１９）、『葵の残葉』、（株）文芸春秋。
・高橋伸幸　編（２０２０）、『歴史人』、No. 109, ＫＫベストセラーズ。
・安田文吉　監（２０２０）、『芸処名古屋』、（株）創英社。
・成美堂編集部　編（２０２０）、『新版一冊でわかる、イラストでわかる図解日本史』、成美堂出版。
・奥山景布子（２０２１）、『流転の中将』、（株）ＰＨＰ研究所。
・上田秀人（２０２１）、『百万石の留守居役（十七）要訣』、講談社。
・湯原浩司　編（２０２２）、『歴史道』、No. 24, 朝日新聞出版。

・安藤優一郎（２０２３）、『大名格差』、彩図社。

【著者紹介】

大橋　英雄（ＯＨＡＳＨＩ　Ｈｉｄｅｏ）
１９４４年　愛知県生まれ。
学・職歴：　１９６８年　岐阜大学大学院（修士課程）修了、同年　岐阜大学に助手として奉職、以降
講師、助教授を経る、
１９８９年　岐阜大学教授、２００９年　岐阜大学定年退職、現在は名誉教授。
主な著書：『木の魅力』（共著）２０１０、海青社、
『病める地球の救世主、多彩な植物』（単著）２０１９、文芸社、
『病める地球最善の救世主は植物、植物を介助する人には問題が』（単著）、（株）22世紀
アート（２０２３）など。
趣　味：　日本史探訪。

恩人発掘
日本と日本人を救った殿様の話

2024年6月30日発行　　著　者　大橋英雄
発行者　向田翔一

発行所　株式会社22世紀アート
〒103-0007
東京都中央区日本橋浜町3-23-1-5F
電話　03-5941-9774
Email: info@22art.net　ホームページ：www.22art.net

発売元　株式会社日興企画
〒104-0032
東京都中央区八丁堀4-11-10 第2SSビル 6F
電話　03-6262-8127
Email: support@nikko-kikaku.com
ホームページ：https://nikko-kikaku.com/

印刷
製本　株式会社PUBFUN

ISBN：978-4-88877-208-2